CRONICQUES ET CONQUESTES
DE CHARLEMAINE

CRONICQUES ET CONQUESTES

DE CHARLEMAINE

REPRODUCTION DES 105 MINIATURES

de JEAN LE TAVERNIER, d'Audenarde (1460)

PAR

J. VAN DEN GHEYN, S. J.

CONSERVATEUR DES MANUSCRITS A LA BIBLIOTHÈQUE ROYALE
DE BELGIQUE

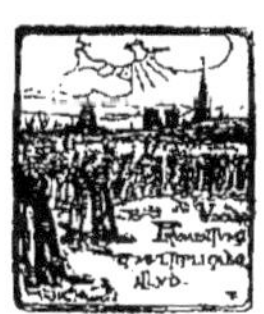

BRUXELLES

VROMANT ET C°, IMPRIMEURS ET ÉDITEURS

RUE DES PAROISSIENS, 18

1909

CRONICQUES ET CONQUESTES

DE CHARLEMAINE

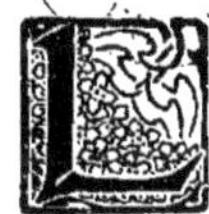ES cent et cinq miniatures qui illustrent les trois volumes des *Cronicques et Conquestes de Charlemaine* comptent au nombre des plus intéressantes de celles qu'on trouve si nombreuses dans les livres de l'ancienne « librairie de Bourgogne ».

Déjà signalées dans l'inventaire de cette bibliothèque, n° 1467 [1], les *Cronicques et Conquestes de Charlemaine* sont aujourd'hui conservées à la section des manuscrits de la Bibliothèque royale de Belgique, sous les cotes n°ˢ 9066, 9067 et 9068. L'œuvre n'avait primitivement que deux volumes; mais, actuellement, le tome second a été relié en deux parties.

Écrits sur beau vélin, à longues lignes, les 451 feuillets du premier volume ont 0ᵐ422 sur 0ᵐ295; les 280 feuillets du second 0ᵐ414 sur 0ᵐ295, et les 297 du tome troisième, les mêmes dimensions.

[1] BARROIS, *Bibliothèque protypographique*, p. 126, n°ˢ 733 et 734; cf. p. 217 et 243, les n°ˢ 1518, 1519, 1701 et 1702.

Les caractères de l'écriture reproduisent cette élégante
lettre de forme en usage à la cour de Bourgogne. Les
en-têtes des chapitres sont en rubriques ; il y a bon nombre
de grandes et belles lettrines. Les signes de paragraphes
sont bleus ; il y a des rehauts jaunes dans les majuscules.
Comme nous l'avons dit, ces trois volumes contiennent
cent et cinq miniatures en grisailles.

En tête du premier volume, sur le second feuillet de
garde du parchemin, on lit : *Qui vouldra, Philippe I le
Beau* et *Jeanne de Castille*[1]. Au second volume, sur le
second feuillet de garde en parchemin, qui se trouve placé
au commencement, on lit : *Ce livre appartient à Philippe
d'Autriche.* Sur le feuillet suivant sont inscrits, en capitales, les mots : *Nien, Nien, Philippe.* Cette même devise
Nien, Nien P. se retrouve au bas de la dernière page du
tome III, tandis que, en haut, se lisent les mots, écrits en
grandes capitales : *A. Plus seras. P.*

Voilà pour ce qui concerne les détails extérieurs des
trois volumes des *Cronicques et Conquestes de Charlemaine.* Il faut, maintenant, arriver à la composition
elle-même.

Quatre personnes y ont collaboré. La rédaction et la
transcription furent l'œuvre de David Aubert, la décora-
tion fut confiée à Jean Le Tavernier pour les miniatures
et à Pol Fruit pour l'enluminure des lettrines. Enfin, le
relieur fut Liévin Stuvaert.

1. Cette devise est celle de Philippe le Beau. Jeanne de Castille était son
épouse.

6

I. DAVID AUBERT

C'est au tome second, f. 280ᵛ, qu'on lit la mention explicite de la collaboration de David Aubert : *Cy fine le second volume... lequel a esté extrait et couchié en cler françois par David Aubert l'an de grace mil quatre cent cinquante huit.*

La biographie de David Aubert est encore à faire ; toutefois, on en connaît les détails suivants. Né à Hesdin, dans le Nord de la France, département du Pas-de-Calais, il devint l'un des scribes attitrés de la cour de Bourgogne ; bon nombre de manuscrits de la librairie de Philippe le Bon furent copiés par lui. Ce fut lui surtout qui mit à la mode la lettre de forme, si fréquemment employée dans les manuscrits d'origine flamande, pendant la seconde moitié du xvᵉ siècle [1].

Au cas présent, David Aubert ne fut pas seulement le copiste des *Cronicques et Conquestes de Charlemaine*, il semble qu'il ait aussi contribué à la compilation elle-même.

Ce ne fut pas, dès l'abord, pour le duc de Bourgogne que David Aubert exécuta son travail. Voici, en effet, ce qu'on lit au prologue de tout l'ouvrage, f° 12 :

Jamais mon rude entendement neust oze penser demprendre si grant charge... Ne feust lestroit comman-

---

1. E. REUSENS, *Éléments de paléographie*, p. 318-321 ; J. VAN DEN GHEYN, *Album de paléographie belge*, pl. 22. Au sujet de David Aubert, cf. NAMUR, *Histoire des bibliothèques publiques de Belgique* ; MARCHAL, *Catalogue des manuscrits de la Bibliothèque royale des ducs de Bourgogne*, t. I, p. LXXXI-LXXXII.

dement de mon tres redoubte seigneur monseigneur de Crequy, auquel de sa bonne grace je me nomme tout humble petit escripvain et le mendre de ses serviteurs prest de faire ce que ma possibilité pourra souffire pour son vouloir acomplir. Recongnoissant que aprez Dieu, je tieng de luy ma vie et suis celluy qui pour luy faire service agréable vouldray tousiours de bien en mieulx.....

Sachant de vray que de sa nature il est affecté à veoir estudier et avoir livres et croniques sur toutes riens. Et comme il en ait desia veu moult de nouveaux mis en avant en pluseurs lieux et que larguement en ait fait escripre et que l'eslite de la fleur des histoires et batailles fust mise en delay et au derrière, cest assavoir le livre du noble et tryumphant prince Charlemaine le grant qui fu lun des noeuf preux et si vaillant que par excellence il est bien digne de porter couronne par dessus tous ceulx qui oncques devant et apres luy en terre regnerent.

David Aubert donne ensuite des détails sur la façon dont l'ouvrage fut composé : *Pourquoy mon dit très redoubte seigneur desirez de joindre le chief avecques les membres ma chargie de curieusement enquerir et viseter pluseurs volumes tant en latin comme en francois en tous lieux ou jen pourray bonnement recouurer et en tirer et extraire ce qui servoit a mon pourpos pour les assambler en ung livre. Et la raison y est bonne selon mon advis. Car il luy sembloit que l'ystoriografeur qui compilla les cronicques de France n'en fist point assez ample*

*declaration... non obstant je nay point presume y adiouster
de mon propre chose que je naye leu, veu et trouve.*

Quand le premier volume fut achevé, le sire de Créquy
en fit probablement don à la librairie du duc de Bourgogne. Celui-ci recourut également aux bons offices de
David Aubert pour achever l'œuvre. La signature
d'Aubert se trouve, comme nous l'avons dit plus haut, à la
fin du deuxième volume.

II. JEAN LE TAVERNIER

Les miniatures qui ornent les trois volumes des *Cronicques et Conquestes de Charlemaine* sont l'œuvre de
l'enlumineur Jean Le Tavernier, d'Audenarde.

C'est M. de Laborde [1] qui, le premier, a fait connaître le
nom de cet artiste, mais, toutefois, sans avoir désigné
quels manuscrits il avait enluminés. L'honneur de cette

---

1. Sur le texte de ces volumes, on peut consulter : J. MARCHAL, *Bulletin de
l'Académie royale de Belgique,* t. III, p. 23-32 ; REIFFENBERG, *Chronique
rimée de Philippe Mouskes, Collection des Chroniques belges inédites,* t. I, 1836,
Introduction, p. CCLXIV-CCLXVI. Les tables des deux tomes ont été publiées par
REIFFENBERG, *ibid.,* p. 474-488 ; la lettre à Charlemagne du t. I, f⁰ 126ᵛ, par le
comte RIANT, *Archives de l'Orient latin,* t. I, p. 10 ; le texte du tome I,
f⁰ˢ 356-357ᵛ, par A. BAYOT, dans la *Revue des bibliothèques et archives de
Belgique,* t. IV, 1906, p. 291-292 ; le texte du t. II, f⁰ 13ᵛ-28, par A. JARNIK,
Studie über der Komposition der Fierabrasdichtungen, Halle a. d. S., 1903,
p. 19-113. Voir encore FABRICIUS-MANSI, *Bibliotheca latina mediae et infimae
latinitatis,* éd. de 1858, p. 322 ; C. DEHAISNES, *Bulletin des Commissions
royales d'art et d'archéologie,* t. XXI, p. 20-38 ; C. RUELENS, *L'Art ancien à
l'Exposition nationale belge,* 1882, p. 286 ; GRÖBER, *Grundriss der romanischen
Philologie,* t. II, p. 1144.

9

identification revient à Mgr Dehaisnes [1]. Archiviste du département du Nord, il trouva un jour, dans le dépôt confié à sa garde, un mandement de Philippe le Bon, duc de Bourgogne, en date du 29 mars 1460. Le prince ordonne de faire remettre une somme de quarante écus d'or à Jean Le Tavernier, enlumineur, demeurant à Audenarde, *à cause de certaines histoires de blanc et de noir, que, de notre commandement et ordonnance, il a faictes au premier volume du livre de Charlemaigne, qui est présentement porté par devers nous, comme de celles qu'il doit faire au second volume dudit livre* [2].

La famille Le Tavernier, dont le nom n'est pas perdu de nos jours, était d'Audenarde ; elle a produit, au XVe siècle, plusieurs artistes. Rappelons à cet égard le résultat des recherches faites, il y a soixante ans, aux Archives d'Audenarde par M. Van der Meersch et consigné dans l'ouvrage cité de M. de Laborde, ainsi que celles plus récentes de Mgr Dehaisnes aux Archives de Lille.

On relève d'abord dans les comptes de la ville d'Audenarde Gilles Le Tavernier, peintre et doreur en 1428-1429. Il fut chargé de peindre, en 1436-1437, la grande bannière de la ville, aux armes de Bourgogne et d'Audenarde, et, en 1447-1448, on lui fit peindre l'écu de Bourgogne et celui de la ville sur la façade de la porte de Gand.

1. *Archives départementales du Nord*, Chambre des Comptes de Lille, B. 1686, *Registre des Chartes de l'Audience*, f° 92ᵛ.
2. *Archives départementales du Nord*, Fonds de la Chambre des Comptes de Lille, B. 2018.

10

Puis, il y a Gérard Le Tavernier, qui peignit à Bruges, en avril 1468, au prix de IX sols par jour, pour la fête du mariage de Charles le Téméraire avec Marguerite d'York.

Enfin, les comptes signalent Jean Le Tavernier. Nous avons rapporté celui du 29 mars 1460 ; mais, déjà le 4 avril 1455, Philippe le Bon ordonnait de payer 75 écus et 44 gros à *Johanes Le Tavernier, historieur et enlumineur, demeurant en nostre ville d'Audenarde, à luy icellui somme estoie deue..... pour en certaines noz heures avoir fait et peint de plusieurs couleurs le mont du Calvaire, et sur icellui Nostre Seigneur crucifie, et à l'environ plusieurs personnages à cheval avec deux vingnettes à l'entour, pour ce II escuz et demi. Item, fait semblablement en icelles noz heures une ymage et représentation de la Vierge Marie et de son benoit Fils, ung escu et demi. Item, en trois parqués de pappier trois histoires de Troyes, pour ce ung escu. Item, en ung autre parquet avoir fait et peint une dame pleurant et faisant dueil, ung escu. Item, en nostre livre de Godeffroy de Buillon avoir fait cinquante lettres d'or et autres choses de son mestier y nécessaires, XVI gros. Item, avoir fait, de blanc et de noir, deux cent trente histoires, tant grandes que petittes, servant à plusieurs suffrages et oraisons, que de nouvel avons fait escripre pour mectre et adjoindre en nos dictes heures, au prix de demi escu la pièce et l'un parmi l'autre, valeur CXV escuz. Item, avoir fait ausdiz suffrages six cens lettres de la grandeur de deux poins,*

*pour ce XL gros. Et pour seize cens autres petites lettres,
XV gros* [1].

Ces deux comptes, celui de 1455 et celui de 1460, four-
nissent un catalogue assez complet de l'œuvre du minia-
turiste Jean Le Tavernier, et, en particulier, comme nous
l'avons dit, celui de 1460 affirme, de la façon la plus nette,
la collaboration de l'enlumineur d'Audenarde aux deux
volumes des *Cronicques et Conquestes de Charlemaine.*

Les miniatures de ces deux volumes sont exécutées
en grisailles ou, selon l'expression du mandement de
1460, ce sont des « histoires de blanc et de noir ». Le
premier volume en renferme quarante-quatre. Il y en a
soixante et une dans le second.

Pourtant, il y a une différence assez marquée entre les
miniatures du premier volume et celles du second. Celles
du premier sont des grisailles à teinte mi-claire, d'un gris
pâle sans aucune adjonction d'or. Au second volume, au
contraire, elles sont d'une teinte bistrée et relevées de
nombreux traits dorés. A première vue, on dirait le travail
de deux artistes différents, mais en y regardant de plus
près, on se convainc sans peine qu'elles sont sorties d'une
seule et même main.

On ne saurait contester le caractère intéressant de ces
images et il y a, à feuilleter ce volume, un réel plaisir
pour les yeux. « Les miniatures de Jean Le Tavernier,
écrivait Mgr Dehaisnes, méritent d'attirer l'attention.
Sans doute, elles ne peuvent être rangées au nombre des

1. *Op. cit.,* p. 29.

12

œuvres les plus remarquables... mais elles viennent immédiatement à la suite de ce qu'on peut appeler chef-d'œuvre : ce sont des produits de l'école flamande, exécutés avec beaucoup d'habileté [1]. »

La première page a été traitée avec un soin particulier et il convient de lui accorder particulière mention. A la porte d'une ville, aux armes de Bourgogne, se dressent des échoppes. Sur le terre-plein, plusieurs seigneurs se promènent; le nain malicieux du duc est là, ruminant quelque tour. Dans le fond, une salle surélevée où se passe la scène de la présentation de l'ouvrage à Philippe le Bon. Cette première grisaille est d'un réalisme vivant. « C'est bien, comme le dit Mgr Dehaisnes, une œuvre de l'école flamande par le sujet; elle l'est aussi par l'individualisation des têtes, par la vérité et la vigueur que témoignaient l'ensemble et les détails de cette miniature. Seul un artiste de mérite a pu exécuter cette œuvre [2]. »

1. Dehaisnes, *Bulletin des Commissions d'art et d'archéologie*, t. XXI, p. 27.

2. Un certain nombre de miniatures des *Cronicques et Conquestes de Charlemaine* ont déjà été reproduites. En 1655, Jean-Jacques Chifflet a donné la grisaille du n° 9068, f° 96ᵛ, dans son *Anastasis Childerici I, Francorum regis*, p. 3; le baron de Reiffenberg, dans sa *Chronique rimée de Philippe Mouskes*, t. I, p. 170, reproduit la scène du baptême des Saisnes (manuscrit n° 9066, f° 73), puis, au frontispice du t. I, le couronnement de Charlemagne (n° 9066, f° 79); ensuite, t. I, p. 181, l'arrivée des messagers de l'empereur devant Gérard de Vienne (n° 9066, f° 356ᵛ), et enfin, t. I, p. 452, la mort de Charlemagne (n° 9068, f° 295). Dans la *Vie militaire et religieuse au moyen âge*, par Paul Lacroix, Paris, Didot, 1873, p. 227, on trouve le couronnement de Charlemagne (n° 9066, f° 79) et p. 153, Olivier courant sur la quintaine (n° 9066, f° 412ᵛ); dans un autre ouvrage de Paul Lacroix, *Sciences et lettres au moyen âge*, Paris, 1877, il y a, p. 507, la reproduction du combat sous les murs de Jérusalem (n° 9066, f° 144ᵛ). Mgr Dehaisnes, dans l'article cité du

Les autres miniatures, que nous ne pouvons naturel-
lement songer à décrire en détail, à cause de leur grand
nombre, retracent les faits dont il est question dans le
chapitre, en tête duquel elles se trouvent. Nous avons
exactement précisé, dans une légende, le sens de chacune
des grisailles.

Toutes sont de la même main, mais toutes n'accusent
pas le soin et la finesse de la première page. Si partout
le faire revêt une grande habileté, il y a, de-ci de-là,
quelque négligence dans le dessin et l'exécution.

Mais ce qu'on admirera sans réserve, c'est la grande
variété que l'auteur a su répandre dans son œuvre. Il ne
devait pas toujours se sentir à l'aise d'avoir à représenter
tant de batailles, de combats, de sièges de villes, d'at-
taques narrées dans le texte qu'il avait à illustrer. Néan-
moins, les scènes, pour reproduire des sujets similaires,
ne sont pas identiques et toutes se présentent avec des
caractères différents. Du reste, il y a, malgré tout, une
variété de sujets en nombre suffisant pour satisfaire tous
les goûts.

La reproduction intégrale des miniatures de Jean Le Tavernier mettra aux mains des artistes, des critiques,

<hr>

Bulletin des Commissions royales d'art et d'archéologie, p. 21, a fait photographier
deux planches, celles du n° 9067, f° 103ᵛ, l' « adoubement » des quatre fils
d'Aimon de Dordonne et le meurtre de Bertoulet par Renaut, et du
f° 186ᵛ, l'apparition de S. Jacques à Charles et l'entretien de ce dernier
avec l'évêque Ysore. Enfin, la planche n° 44 de la *New palaeographical
Society* reproduit le f° 138ᵛ du n° 9066 : combat entre les troupes de
Charlemagne et de Constantin de Grèce contre celles du Soudan de Babylone.

14

des historiens de l'art et de tous ceux qui s'intéressent à ses manifestations dans le passé, des documents nombreux et variés pour leurs études.

III. POL FRUIT

Si l'abondance des grisailles de Jean Le Tavernier ne concentrait presque uniquement sur elles toute l'attention du lecteur des *Cronicques et Conquestes de Charlemaine*, on ne manquerait point de signaler les ravissantes lettrines qui décorent, de façon si chatoyante, ces trois volumes.

Il y a là, en effet, une série de « lettres champiées d'or », comme on disait jadis, qui sont de toute beauté. De grandes dimensions, semées d'or bruni à profusion et offrant la gamme complète des teintes, toutes ces lettrines enluminées jettent sur les pages du livre un éclat éblouissant.

Chose relativement rare, on connaît le collaborateur de Jean Le Tavernier. C'est un certain Pol Fruit, dont, malheureusement, le nom seul est parvenu jusqu'à nous. Dans les comptes des ducs de Bourgogne, conservés aux Archives générales du royaume à Bruxelles, on lit le passage suivant, publié par M. Pinchart[1] : *A Pol Fruit, enlumineur, pour avoir enluminé de grosses lettres petites*

---

1. *Miniaturistes, enlumineurs et calligraphes employés par Philippe le Bon et Charles le Téméraire*, dans *Bulletin des Commissions royales d'art et d'archéologie*, t. IV, p. 476.

*et moyennes du tiers volume parlant des guerres de
Locheran Guerin, assavoir II lettres de IV poins ouvrés
à champaigne d'or. — Item, III lettres de IIII poins
ouvrés pareillement; item, XV lettres de V poins ouvrés
pareillement; item, VI à XII lettres de II poins champiées d'or; item, un millier de lettres d'un point, champiées d'or, parmi paraphes et intervalles.*

On a identifié les *Guerres de Locheran Guerin* avec
le troisième volume de l'*Histoire de Charles Martel*
(manuscrit n° 8 de la Bibliothèque royale de Belgique)[1].
Or, les lettrines de ce manuscrit, que les comptes attribuent
nettement à Pol Fruit, sont absolument identiques à celles
des *Cronicques et Conquestes de Charlemaine*. Voir,
par exemple, les lettrines du tome I, f° 326ᵛ, des *Conquestes de Charlemaine* et celles du f° 421 au tome III de
l'*Histoire de Charles Martel*. Il est à remarquer que
dans les *Conquestes de Charlemaine* il ne se rencontre
que de grosses lettres.

Nous n'insisterons pas autrement sur les lettrines de
Pol Fruit, d'autant plus qu'il n'en est pas reproduit de
spécimens.

IV. LIÉVIN STUVAERT

Les volumes des *Cronicques et Conquestes de Charlemaine* n'ont plus aujourd'hui leur antique reliure, qui est
ainsi décrite par Barrois[2] : *Couvert de cuir blanc*

1. *Bulletin des Commissions royales d'art et d'archéologie*, t. IV, p. 485 et 507.
2. *Bibliothèque protypographique*, n°ˢ 733, 734, 1518 et 1701.

16

(nᵒˢ 733, 734, 1518) et *un… grand volume couvert de cuir blancq, sans cloans à tout deux cloans et cincq boutons de léton sur chacun costié* (nᵒ 1701).

Nous connaissons le nom de l'artiste qui exécuta cette reliure, car, en tête du tome premier, au revers du second feuillet de garde, on lit :

Stuvaert Lievin

à Gand

me lya ainsin.

Le même nom a été relevé, par Paulin Paris, au commencement d'un exemplaire de la *Fleur des histoires*, de Jean Mansel [1] :

Stuaert Lievin

me lia ainsin

à Bruges [2].

Récemment, M. le comte Paul Durrieu constata la présence du nom de Liévin Stuvaert dans le manuscrit de Turin, L. I, 12 [3].

Un mot encore sur la reproduction des miniatures des *Cronicques et Conquestes de Charlemaine*. Elles sont données à leur grandeur naturelle, sans aucune réduction ou agrandissement, malgré leur format inégal.

Les phototypies ont été exécutées par la maison Helle-

---

1. *Manuscrits de la Bibliothèque du roi*, t. I, p. 65.
2. Cf. PINCHART, *Archives des arts, sciences et lettres*, t. II, p. 118.
3. *Revue archéologique*, t. I, 1904, p. 403.

mans, et les éditeurs, MM. Vromant, n'ont rien négligé pour donner à cette vulgarisation des grisailles de Jean Le Tavernier un cachet d'artistique élégance.

Espérons que le public fera bon accueil à cet essai, qui lui mettra en mains, avec de ravissantes miniatures, l'illustration des *Gestes de Charlemagne* et du texte fameux de la *Chanson de Roland*.

J. Van den Gheyn, S. J.

Bruxelles, 25 mars 1909.

TABLE DES PLANCHES

1. Porte et intérieur de ville. L'auteur offrant son œuvre à Philippe le Bon.
2. Charlemagne venant à la rencontre de sa mère, la reine Berthe.
3. Ambassade du pape à Charlemagne.
4. Fuite de Désier et écartèlement d'Huvaut.
5. Capture du roi Sigemont au siège de Brunebier.
6. Assaut donné par les Saisnes au château de Harrebourg ; apparition de deux anges.
7. Défaite de Helsis et de Sigemont devant Sigebourg.
8. Baptême des Saisnes.
9. Charlemagne couronné empereur.
10. Siège et prise de Jomensicle ; l'idole jetée au feu, et, dans le fond, Charles en prière.
11. Ambassade envoyée par Charles au roi de Hongrie et assassinat du comte de Clermont.
12. Bataille entre les Français et les Hongrois.
13. Siège de la ville de Bude.
14. Intervention de l'ange dans le combat, en champ clos, de Charles et de Doon.
15. Ambassade du patriarche de Jérusalem et de l'empereur de Constantinople à Charlemagne.

16. Combat entre les troupes de Charles et de Constantin de
Grèce et celles du Soudan de Babylone.

17. Combat sous les murs de Jérusalem.

18. Remise des reliques à Charlemagne avant son départ de
Constantinople.

19. Geoffroy de Danemark livrant à Charles son fils Ogier.

20. Les délégués de Charles devant Geoffroy.

21. Combat entre païens et chrétiens près de Rome.

22. Arrivée d'Ogier au secours de Charlot.

23. Défi de Caraheu à Ogier.

24. Combat singulier de ce dernier et de Charlot avec Sadoine.

25. Ogier, prisonnier des Sarrasins; Caraheu emmenant Gloriande et retour de Charlot vers l'armée de Charlemagne.

26. Arrivée de Brunamont auprès de Corsuble, discussion de
ce dernier avec sa fille, et, à l'arrière-plan, combat de
Brunamont avec Geoffroy d'Angers.

27. Victoire d'Ogier sur Brunamont dans un combat singulier.

28. Prise de Rome par les chrétiens sur les Sarrasins.

29. Réunion des hommes de Gérard de Vienne convoqués à
l'instigation de sa femme.

30. Naime envoyé par Charlemagne vers Agoulant et luttant
contre un roi païen.

31. Victoire des chrétiens sur les Sarrasins.

32. Prise de la tour de Happe par Gérard.

33. Les rois païens arrivant au secours de Heaumont.

34. Rencontre des deux armées ennemies.

35. Victoire des chrétiens.

36. Nouvelle rencontre, et, à droite, le pape remettant la
croix à Turpin.

37. Roland au milieu de la bataille.

38. Les messagers de Charlemagne devant Gérard de Vienne.

39. Rencontre d'Olivier, d'Aude et de Roland au siège de
     Vienne ; joûte de Roland et d'Aimeri de Beaulande.

40. Nouveau combat de Roland.

41. Olivier courant sur la quintaine

42. Combat d'Olivier et de Roland.

43. La voix céleste ordonnant aux deux héros de se récon-
     cilier.

44. Le légat du pape auprès de Charlemagne, à Vienne.

45. La rencontre de Corsant et d'Olivier.

46. Défi de Fierabras à Charlemagne.

47. Combat d'Olivier contre Fierabras.

48. Olivier et ses compagnons amenés en présence du
     père de Fierabras.

49. Floripais sauvant les prisonniers.

50. Combat des messagers de Balaam avec ceux de Charle-
     magne.

51. Prise du château d'Aigremoire par les Français.

52. Guion de Bourgogne sauvé du gibet par les Français.

53. Prise du pont de Mantrible par les chrétiens.

54. Assaut donné au château d'Aigremoire.

55. Siège du château d'Aigremoire ; défi de Charlemagne
     porté à Balaam par Ganelon et la mort de Bruillant de
     Montmire.

56. Mêlée des chrétiens et des troupes de Bruhant.

57. L' « adoubement » des quatre fils d'Aimon de Dordonne
     et le meurtre de Bertoulet par Renaud.

58. Les travaux de défense de Montesson.

59. Maugis dépouillant Charlemagne et ses pairs de leurs
     épées au siège de Montauban.

60. Les machines de guerre dressées par Charles et Maugis emmenant à Montauban l'empereur ensorcelé.

61. Préparatifs de Charles pour se rendre au siège de Trémoigne.

62. Renaud défendant Charles contre Ganelon dans la forêt de Trémoigne.

63. Les délégués de Renaud auprès de l'empereur.

64. La soumission de Renaud et de sa famille à Charlemagne.

65. L'apparition de S. Jacques à Charles et l'entretien de ce dernier avec l'évêque Ysore.

66. Assemblée des barons pour aller à la conquête de l'Espagne et les fiançailles d'Aude et de Roland.

67. L'armée de Charles se disposant à passer la Gironde en vue de Bordeaux.

68. La mort du roi Fourre sous les coups d'Olivier.

69. Siège de Pampelune.

70. Assaut de la ville de Pampelune.

71. Récriminations des hauts barons auprès de Charles; départ de l'avant-garde sous la conduite de Roland et nouvel assaut à la ville de Pampelune.

72. Victoire de Roland sur le géant Fermagud.

73. Préparatifs du retour en France et entretien de l'empereur avec Roland et Ganelon.

74. Accord conclu entre Marsile et Ganelon.

75. Armées sarrasines à Roncevaux.

76. Bataille de Roncevaux.

77. Roland sonnant de l'olifant.

78. Suite de la bataille de Roncevaux.

79. Mort de Roland.

80. Baudouin rapportant à Charles l'épée et le cor de Roland, et apparition de l'ange à l'empereur.

22

81. Départ des Français après la victoire de Sarragosse.

82. La prise de Sarragosse et la mort de Marsile.

83. Charlemagne donnant à Gérard de Blois, à Guion de Saint-Omer et Geoffroy d'Anjou, l'ordre d'aller chercher Gérard de Vienne.

84. Arrivée de Gérard et d'Aude auprès de l'empereur.

85. Le siège de Narbonne.

86. L'écartèlement de Ganelon.

87. Généalogie des rois de France, depuis Pharamond jusqu'à Charlemagne.

88. Promesse du roi Guitelin à sa femme et préparatifs de guerre contre Charlemagne.

89. Le pape et l'empereur se rendant solennellement à la rencontre des Hérupois.

90. Thiéry d'Ardenne et sa femme présentant leur fils à Charles et l'arrivée des barons.

91. Guitelin recevant la nouvelle de la venue de Charlemagne, tandis qu'il est occupé à jouer aux échecs.

92. Baudouin abattant Adam d'Alesmes, puis repassant la rivière sous les yeux de Sebille et de ses suivantes.

93. Les deux chevaliers apportant à Charles, qui est occupé à dîner dans sa tente, des nouvelles des Hérupois.

94. L'empereur passant la rivière et luttant seul contre les sept rois païens.

95. La construction du pont.

96. Rencontre des armées françaises et sarrasines.

97. Bataille des Français et des Sarrasins.

98. Adieux de Charles à Sebille et au peuple de Trémoigne.

99. La sortie des Français assiégés dans Trémoigne par le fils de Guitelin.

100. Bataille.

101. Bataille.

102. Combat de Charles contre le roi d'Alias.

103. Le retour de l'empereur à Trémoigne.

104. Construction de l'abbaye fondée par Charlemagne pour Sebille.

105. Mort de l'empereur.

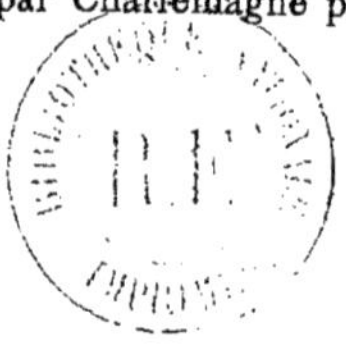

4.09.997

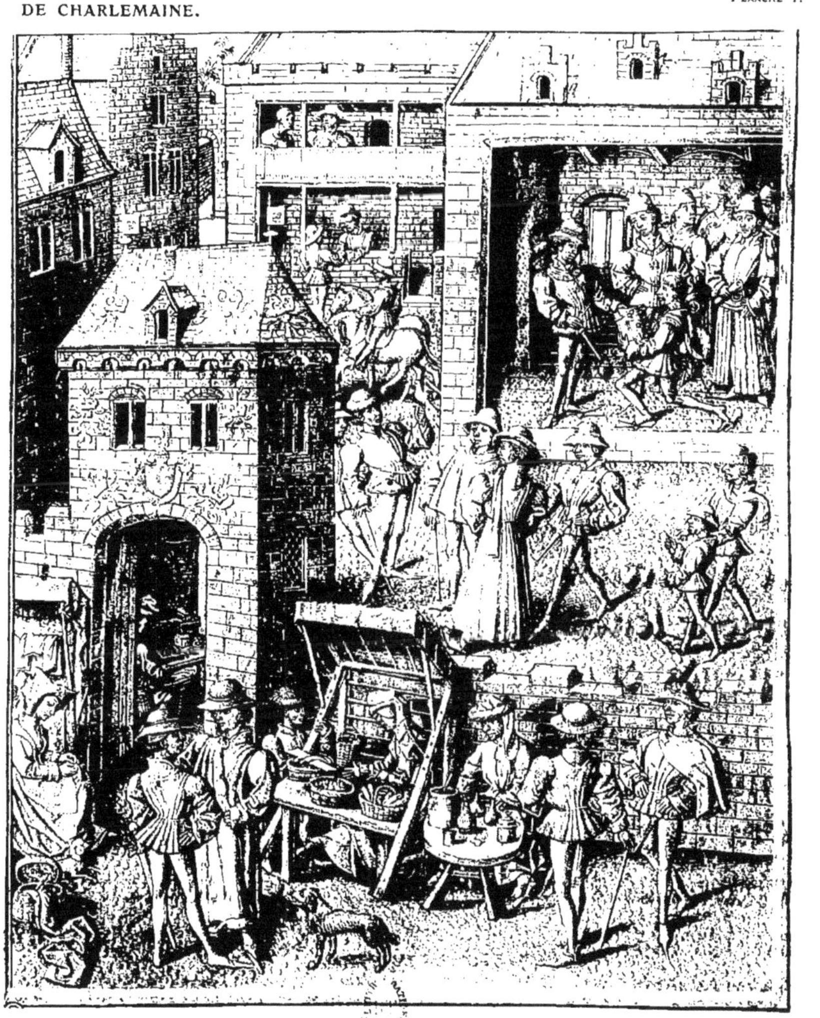

PORTE ET INTÉRIEUR DE VILLE. L'AUTEUR OFFRANT
SON ŒUVRE A PHILIPPE LE BON. (Fol. 11.)

CHRONICQUES ET CONQUESTES
DE CHARLEMAINE.

PLANCHE 2.

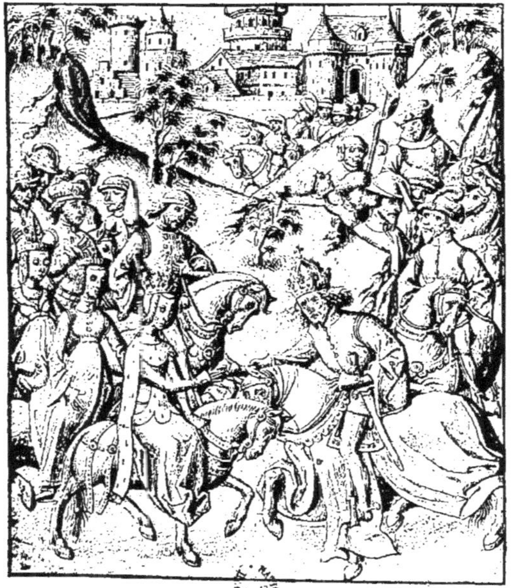

RENCONTRE DE CHARLEMAGNE ET DE LA
REINE BERTHE, SA MÈRE. (Fol. 28ᵛ.)

CHRONICQUES ET CONQUESTES
DE CHARLEMAINE.

PLANCHE 3.

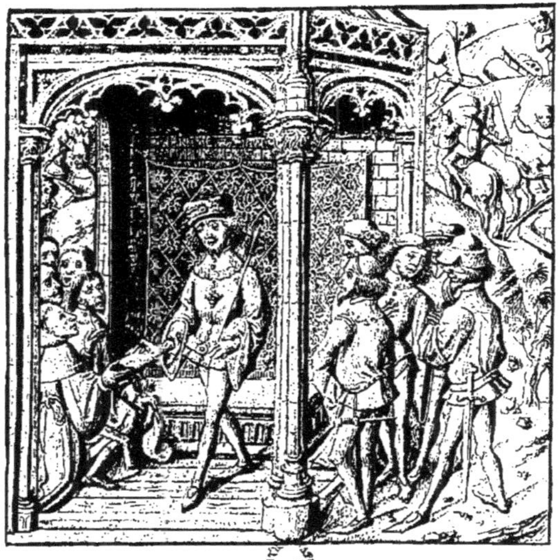

AMBASSADE DU PAPE
A CHARLEMAGNE. (Fol. 32.)

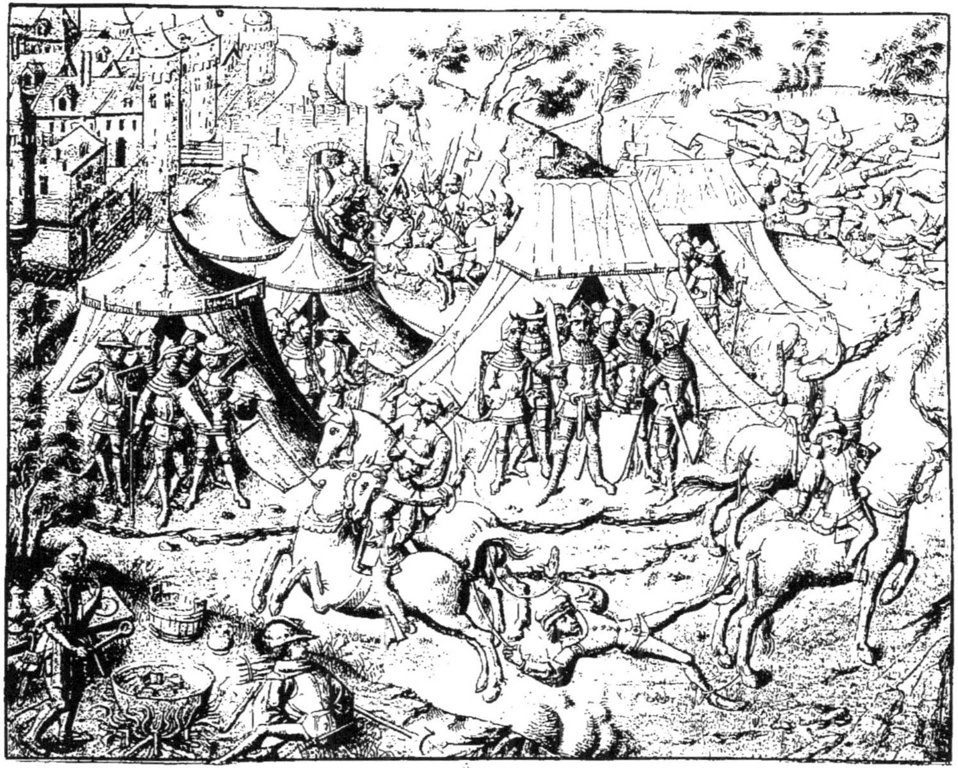

FUITE DE DÉSIER ET ÉCARTÈLEMENT D'HUVAUT. (Fol. 37.)

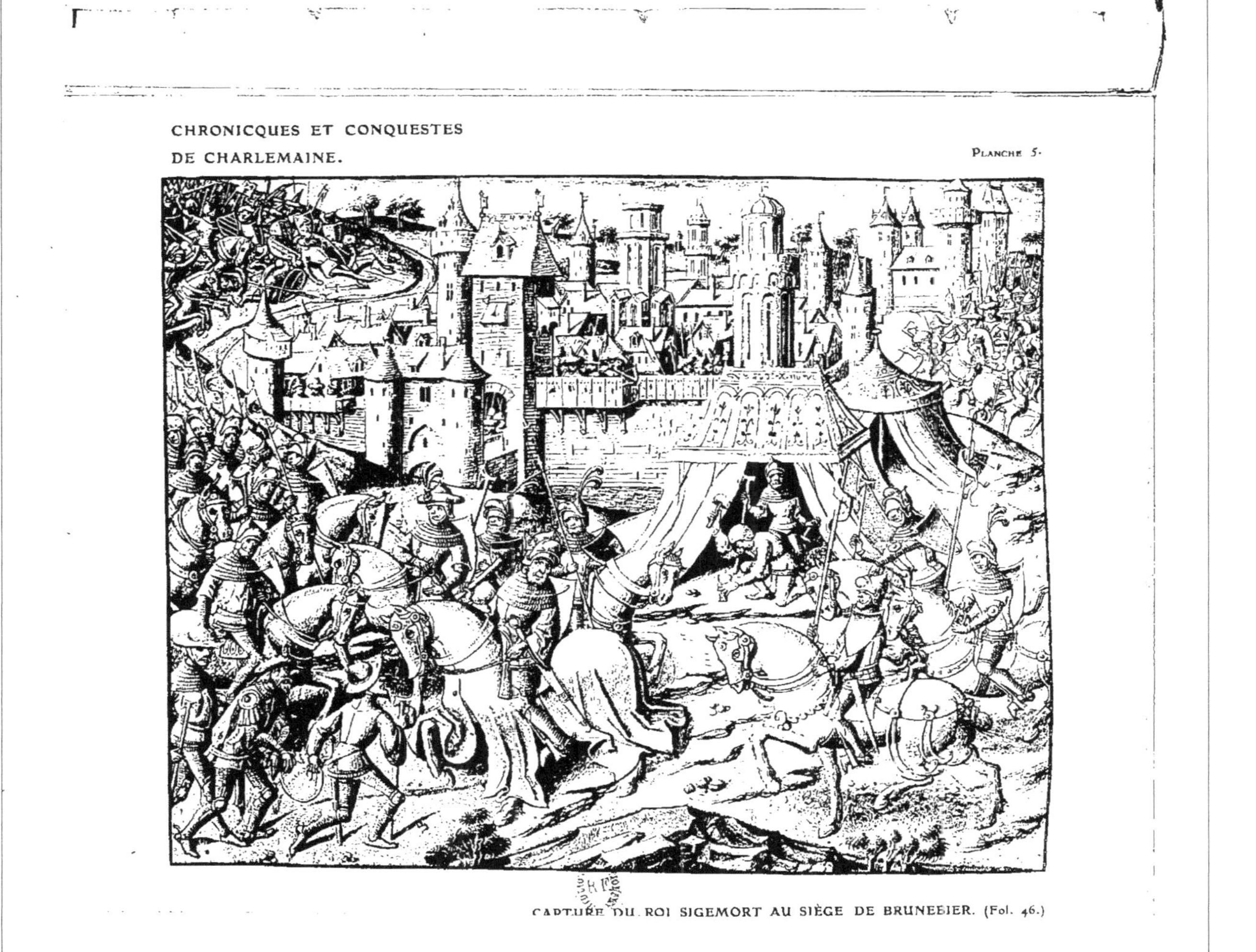

CAPTURE DU ROI SIGEMORT AU SIÈGE DE BRUNEBIER. (Fol. 46.)

CHRONICQUES ET CONQUESTES
DE CHARLEMAINE.

PLANCHE 6.

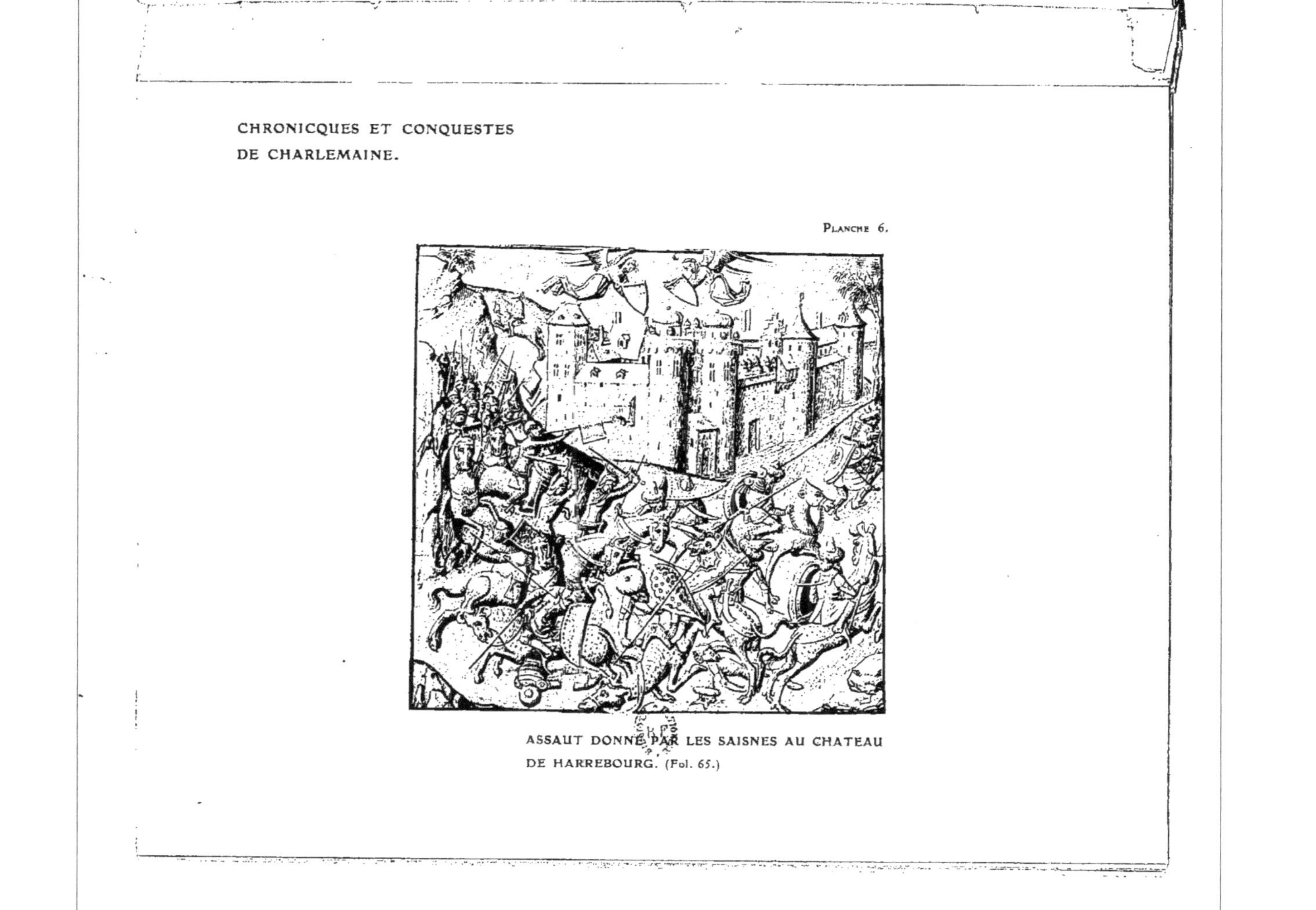

ASSAUT DONNÉ PAR LES SAISNES AU CHATEAU
DE HARREBOURG. (Fol. 65.)

CHRONICQUES ET CONQUESTES
DE CHARLEMAINE.

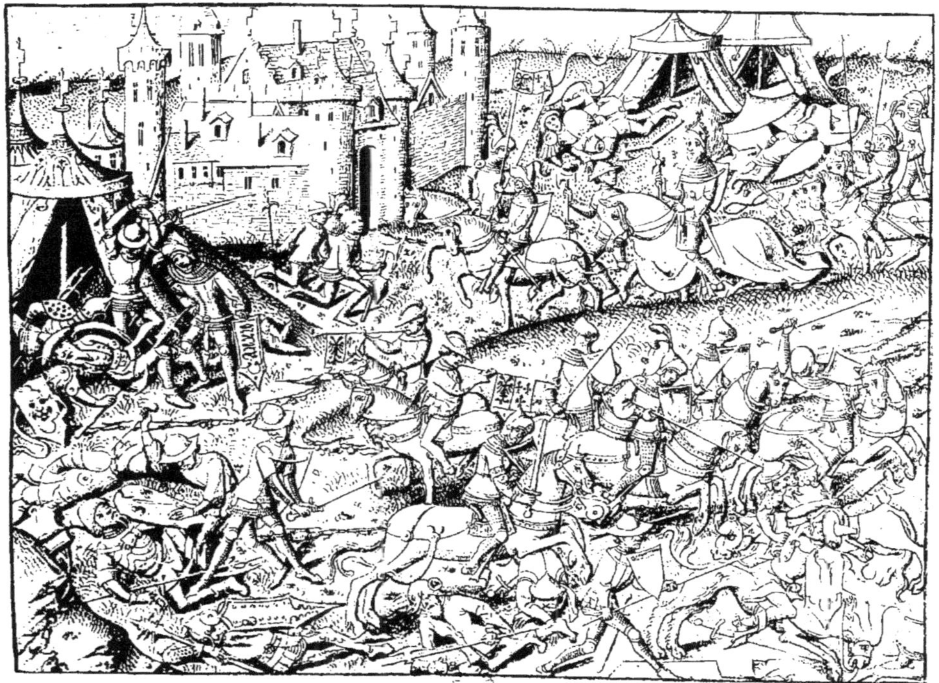

DÉFAITE DE HELSIS ET DE SIGEMORT
DEVANT SIGEBOURG. (Fol. 70.)

PLANCHE 8.

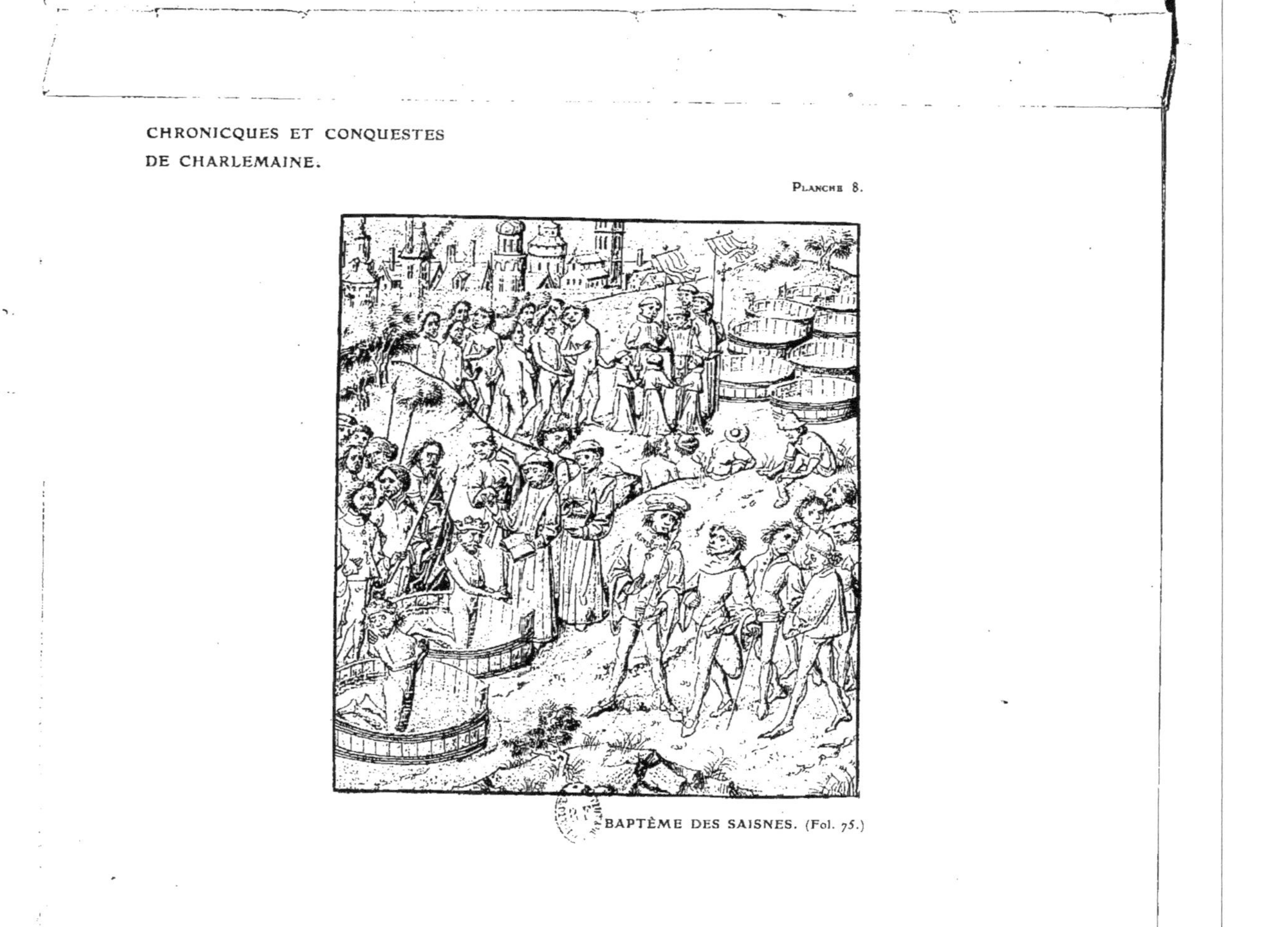

BAPTÈME DES SAISNES. (Fol. 75.)

CHRONICQUES ET CONQUESTES
DE CHARLEMAINE.

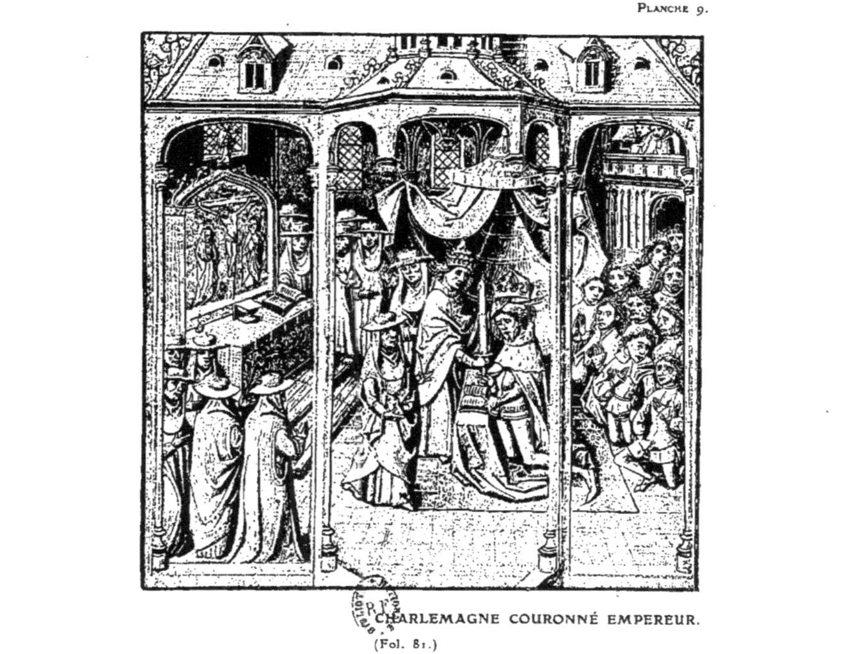

CHARLEMAGNE COURONNÉ EMPEREUR.

(Fol. 81.)

CHRONICQUES ET CONQUESTES
DE CHARLEMAINE.

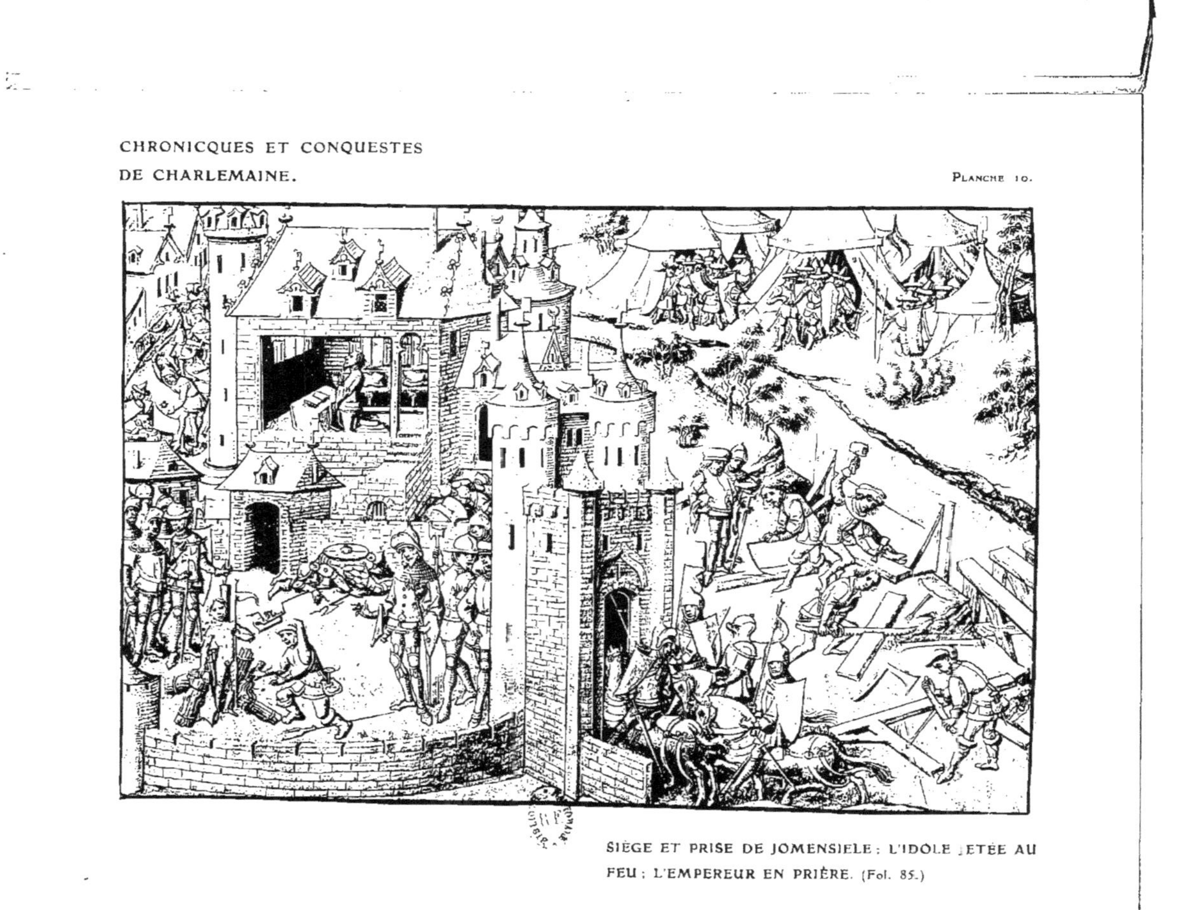

SIÈGE ET PRISE DE JOMENSIELE : L'IDOLE JETÉE AU
FEU ; L'EMPEREUR EN PRIÈRE. (Fol. 85.)

CHRONICQUES ET CONQUESTES
DE CHARLEMAINE.

PLANCHE 11.

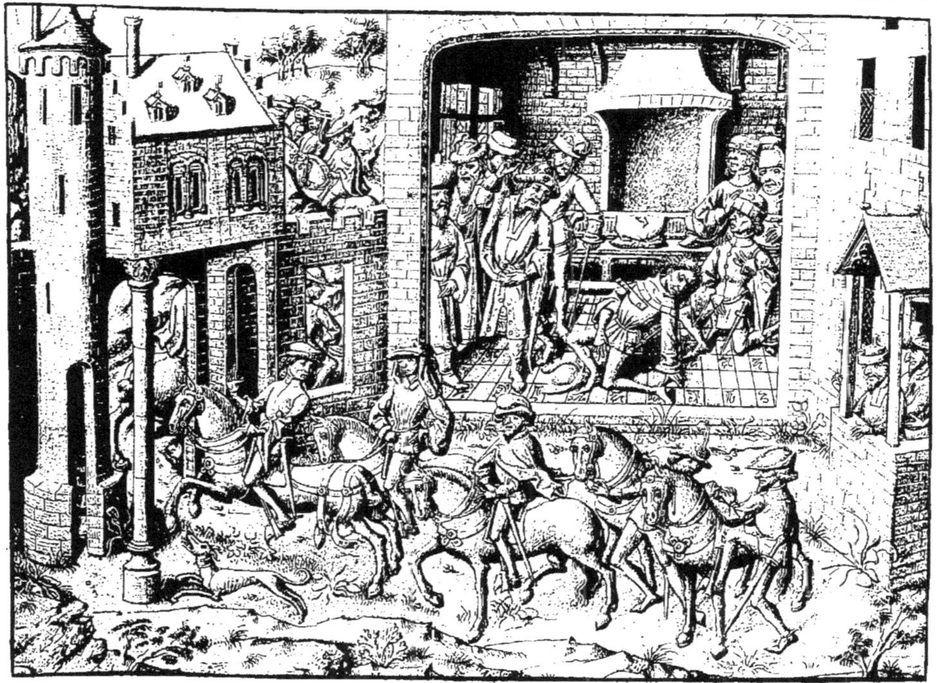

AMBASSADE ENVOYÉE PAR CHARLEMAGNE AU ROI DE HONGRIE;
ASSASSINAT DU COMTE DE CLERMONT. (Fol. 96.)

CHRONICQUES ET CONQUESTES
DE CHARLEMAINE.

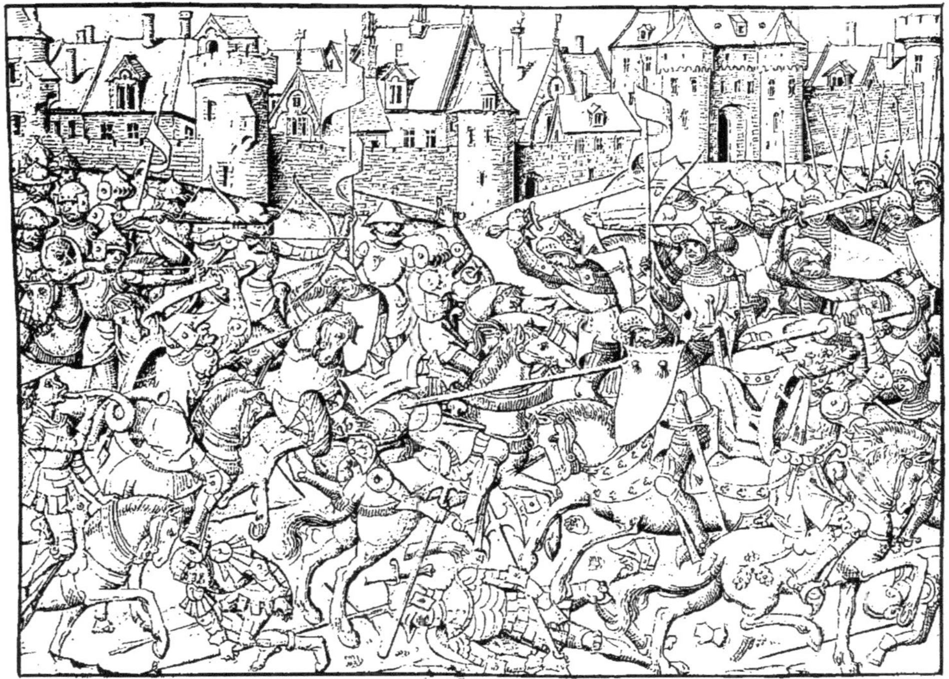

BATAILLE ENTRE LES FRANÇAIS
ET LES HONGROIS. (Fol. 100ᵛ.)

CHRONICQUES ET CONQUESTES
DE CHARLEMAINE.

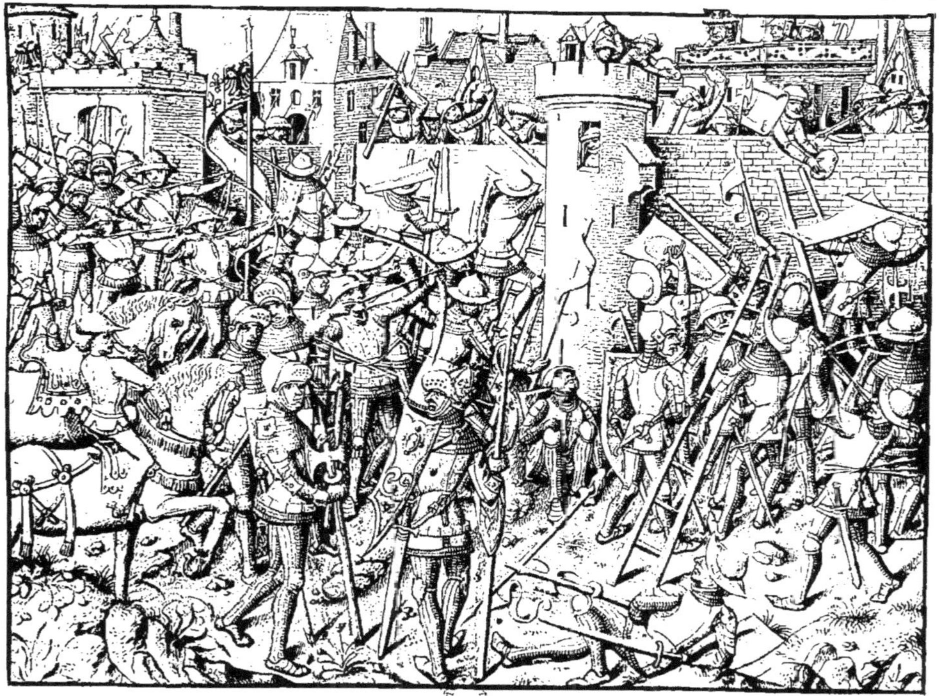

SIÈGE DE LA VILLE DE BUDE. (Fol. 106'.)

PLANCHE 14.

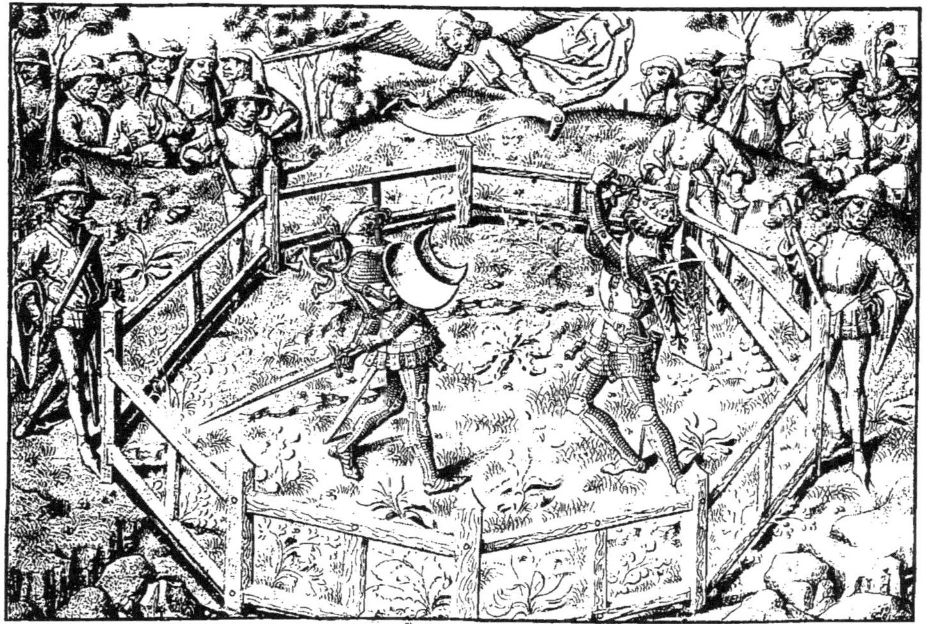

INTERVENTION DE L'ANGE DANS LE COMBAT, EN CHAMP
CLOS, DE CHARLES ET DE DOON. (Fol. 132ᵛ.)

PLANCHE 15.

AMBASSADE DU PATRIARCHE DE JÉRUSALEM ET DE L'EMPEREUR
DE CONSTANTINOPLE A CHARLEMAGNE. (Fol. 126.)

CHRONICQUES ET CONQUESTES
DE CHARLEMAINE.

COMBAT ENTRE LES TROUPES DE CHARLES ET DE CONSTANTIN
DE GRÈCE CONTRE CELLES DU SOUDAN DE BABYLONE. (Fol. 140ᵛ.)

CHRONICQUES ET CONQUESTES
DE CHARLEMAINE.

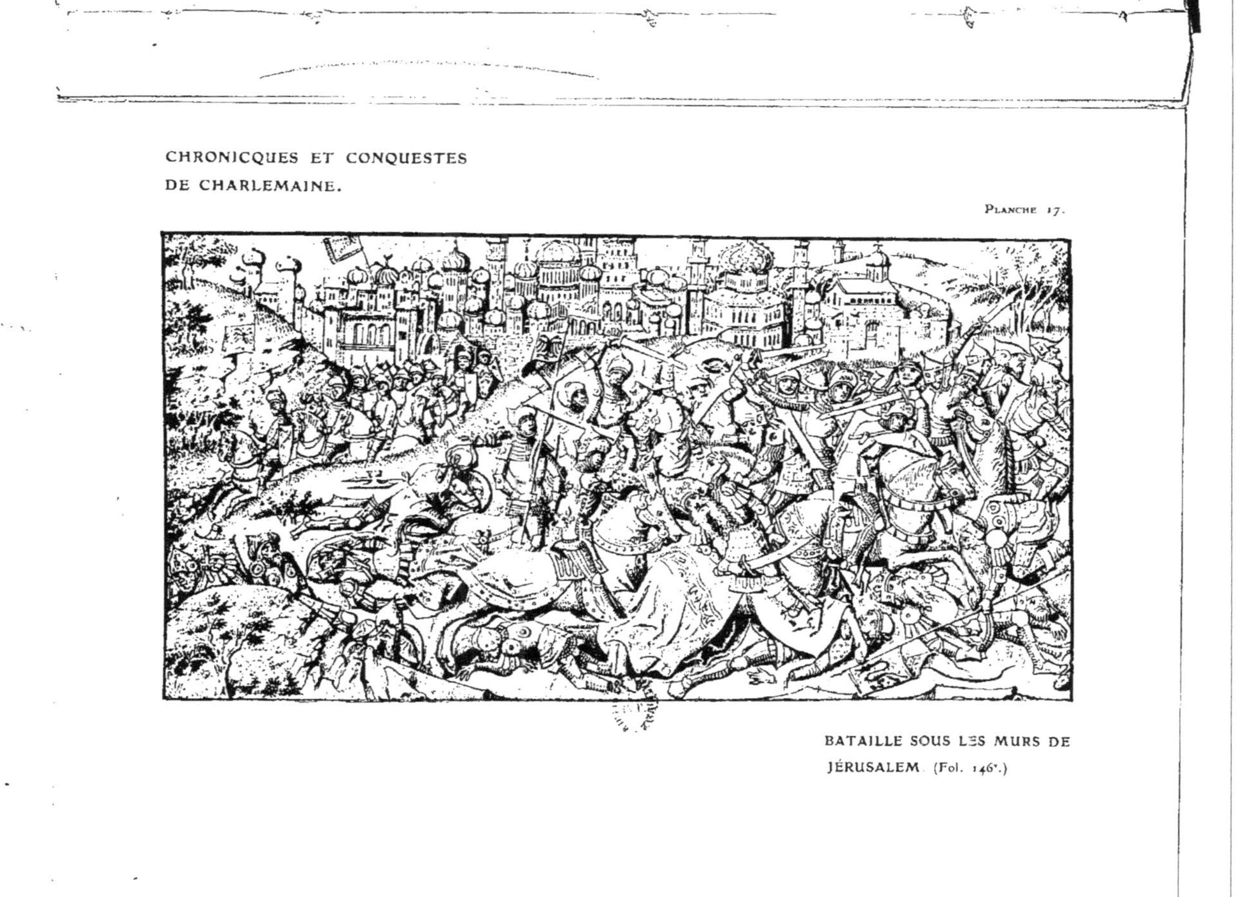

BATAILLE SOUS LES MURS DE
JÉRUSALEM. (Fol. 146ᵛ.)

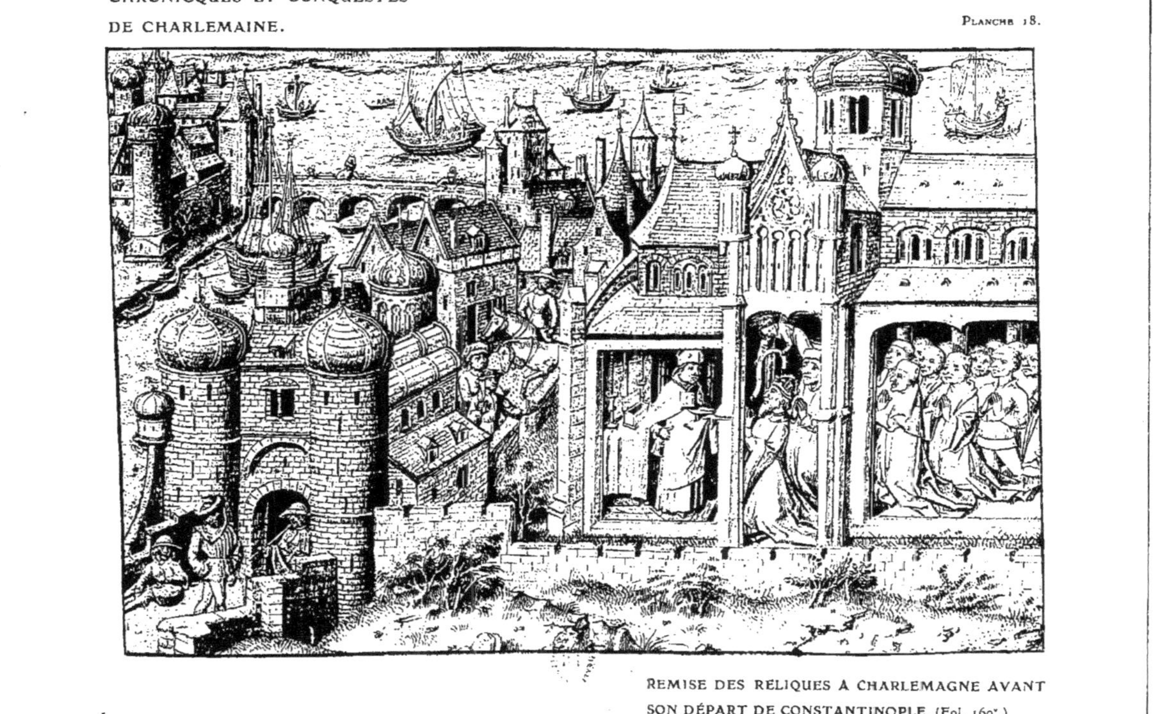

REMISE DES RELIQUES A CHARLEMAGNE AVANT
SON DÉPART DE CONSTANTINOPLE. (Fol. 160ᵛ.)

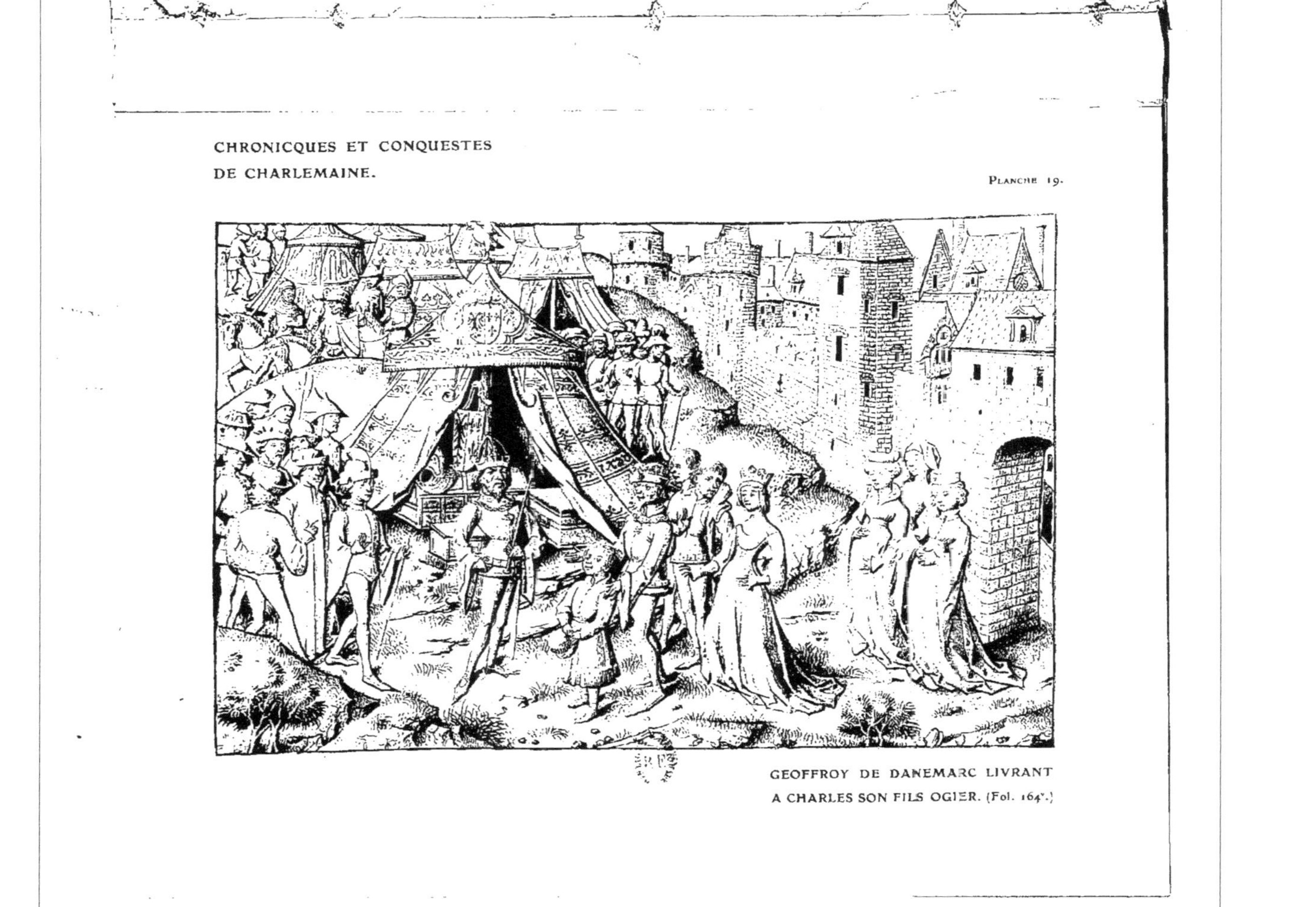

GEOFFROY DE DANEMARC LIVRANT
A CHARLES SON FILS OGIER. (Fol. 164v.)

CHRONICQUES ET CONQUESTES
DE CHARLEMAINE.

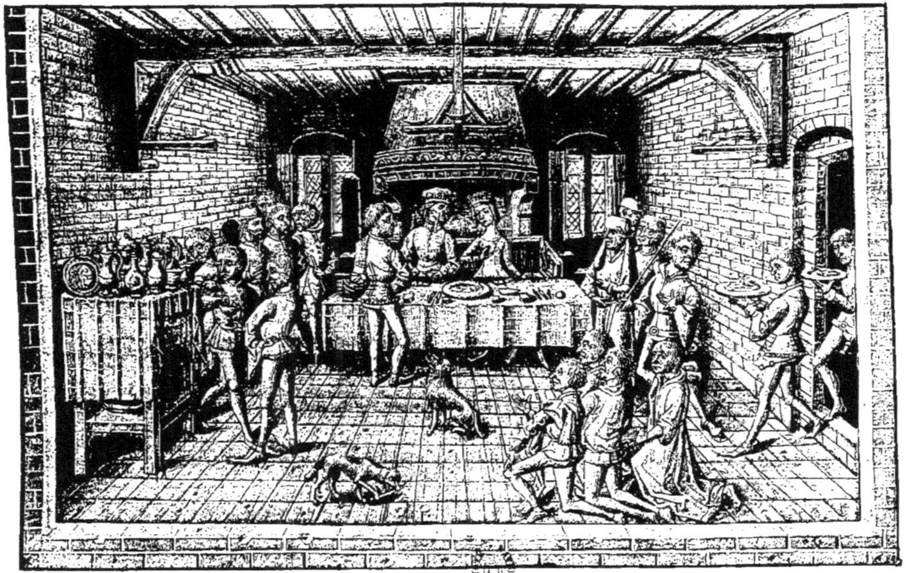

LES DELÉGUES DE CHARLEMAGNE
DEVANT GEOFFROY. (Fol. 169ᵛ.)

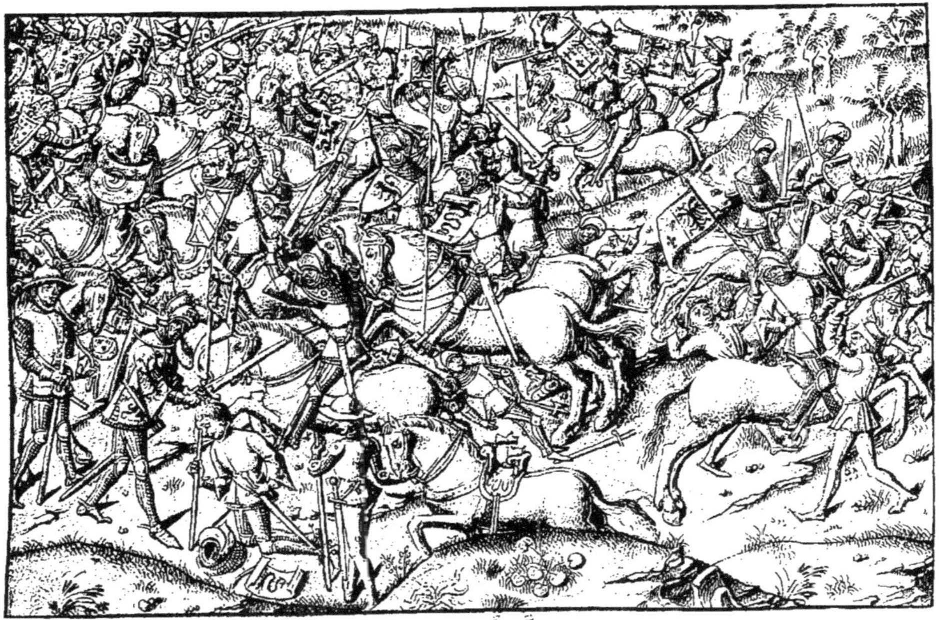

COMBAT ENTRE PAIENS ET CHRÉTIENS
PRÈS DE ROME. (Fol. 178.)

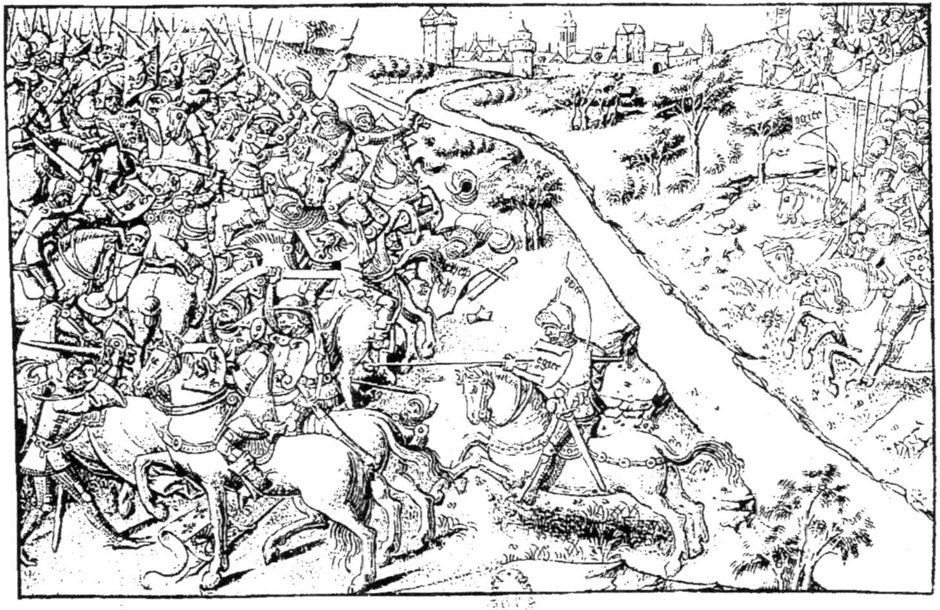

ARRIVÉE D'OGIER AU SECOURS DE
CHARLOT. (Fol. 195°.)

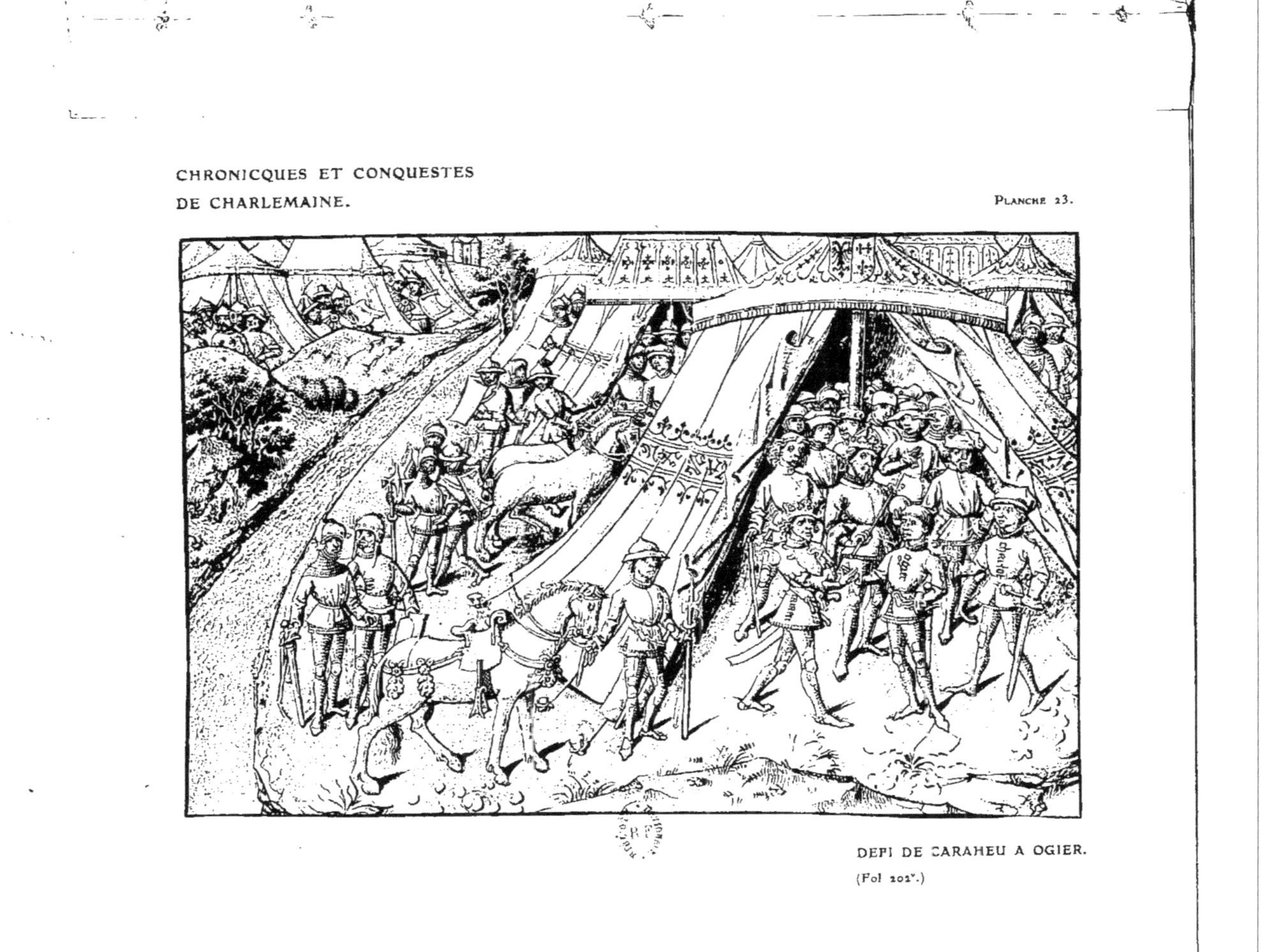

DEFI DE CARAHEU A OGIER.

(Fol 202ᵛ.)

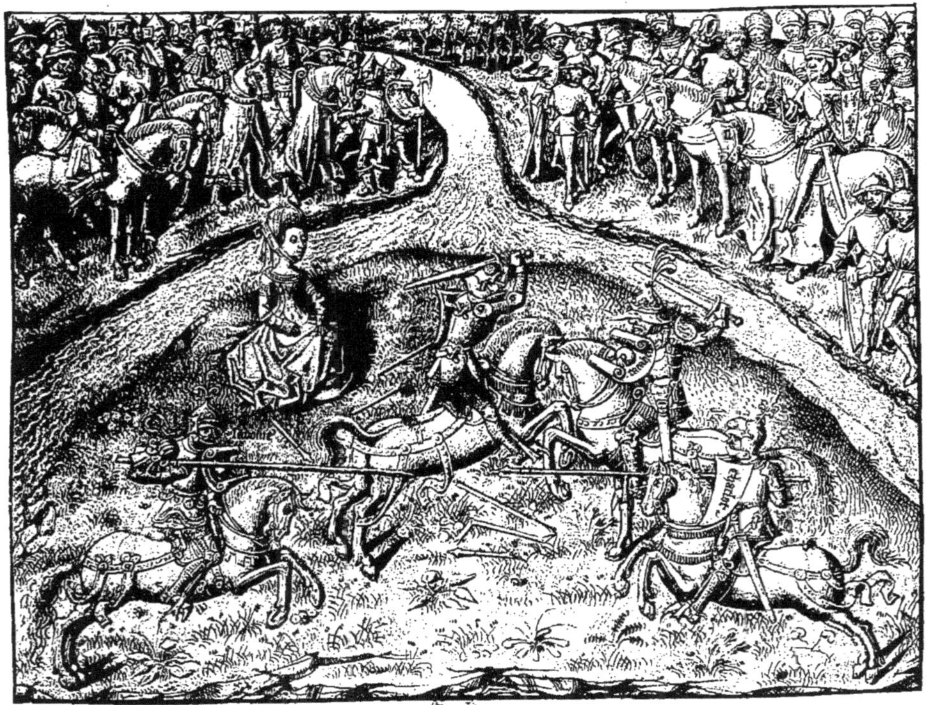

COMBAT SINGULIER DE CARAHEU ET D'OGIER, DE CHARLOT ET DE SADOINE. (Fol. 209ᵛ.)

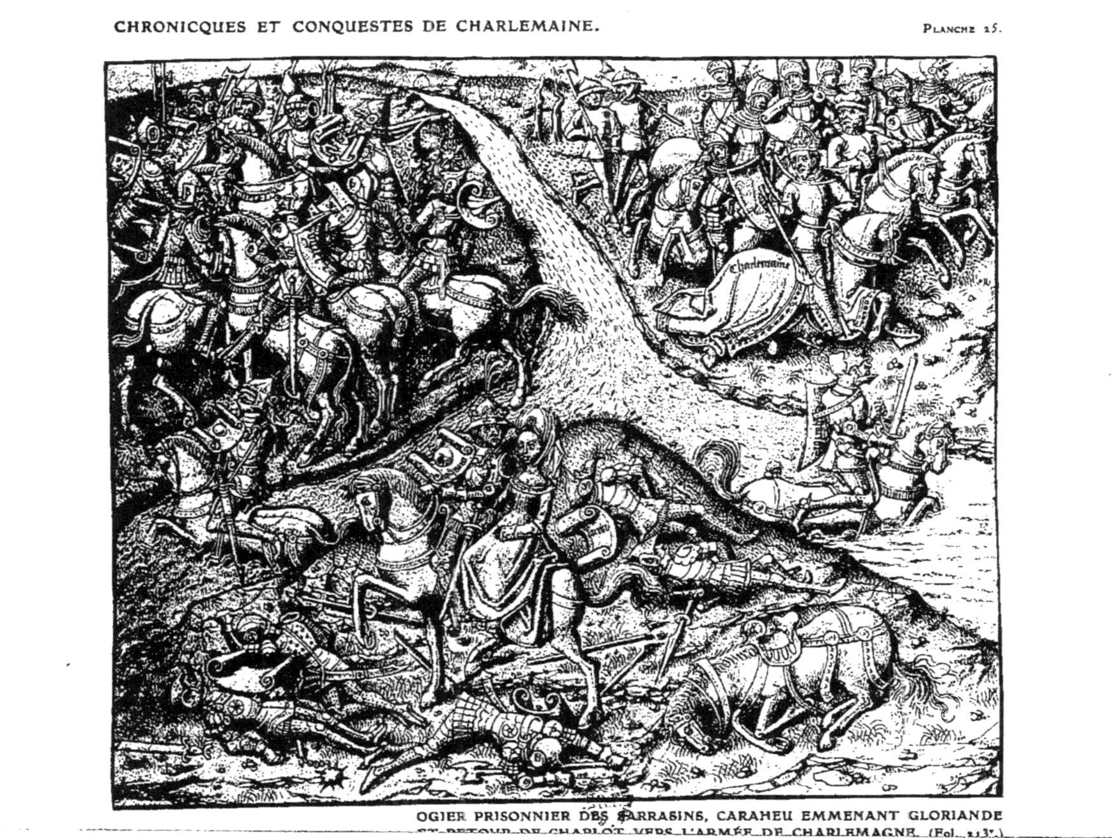

OGIER PRISONNIER DES SARRASINS, CARAHEU EMMENANT GLORIANDE
ET RETOUR DE CHARLOT VERS L'ARMÉE DE CHARLEMAGNE. (Fol. 213.)

CHRONICQUES ET CONQUESTES
DE CHARLEMAINE.

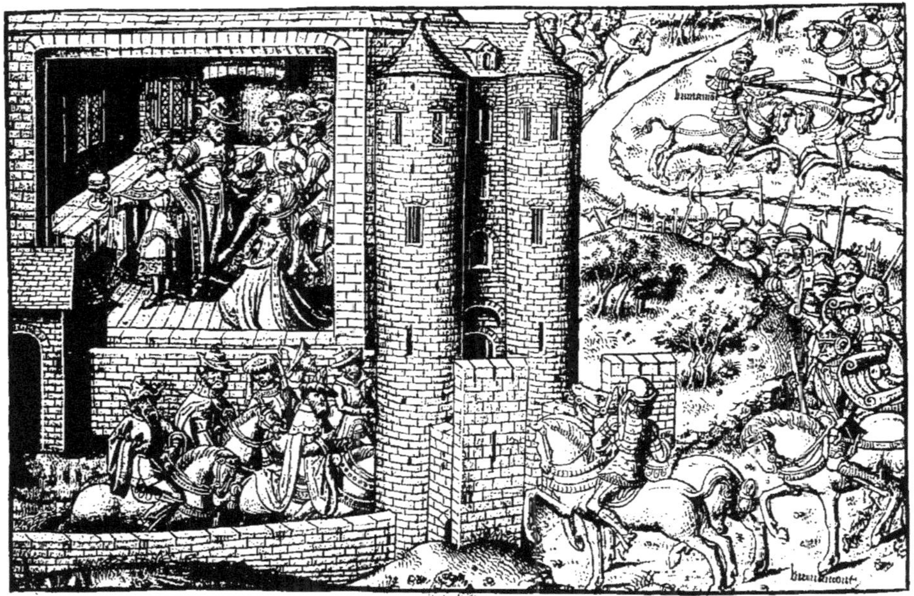

ARRIVÉE DE BRUNAMONT CHEZ CORSUBLE, DISCUSSION DE
CE DERNIER AVEC SA FILLE ; COMBAT DE BRUNAMONT
AVEC GEOFFROY D'ANGERS. (Fol. 219.)

CHRONICQUES ET CONQUESTES
DE CHARLEMAINE.

PLANCHE 27.

VICTOIRE D'OGIER SUR BRUNAMONT. (Fol. 226ᵛ.)

CHRONICQUES ET CONQUESTES
DE CHARLEMAINE.

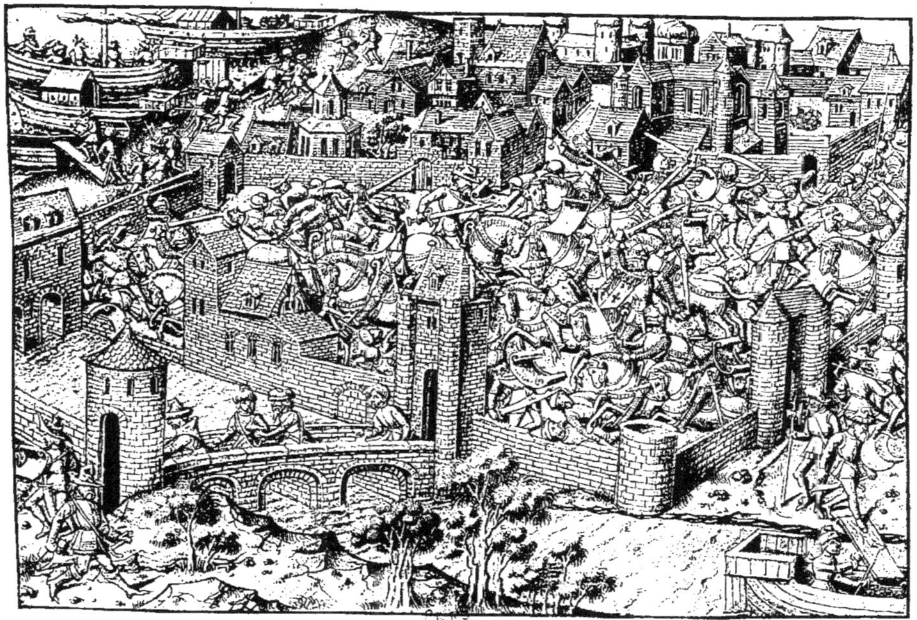

PRISE DE ROME PAR LES CHRÉTIENS
SUR LES SARRASINS. (Fol. 229°.)

PLANCHE 29.

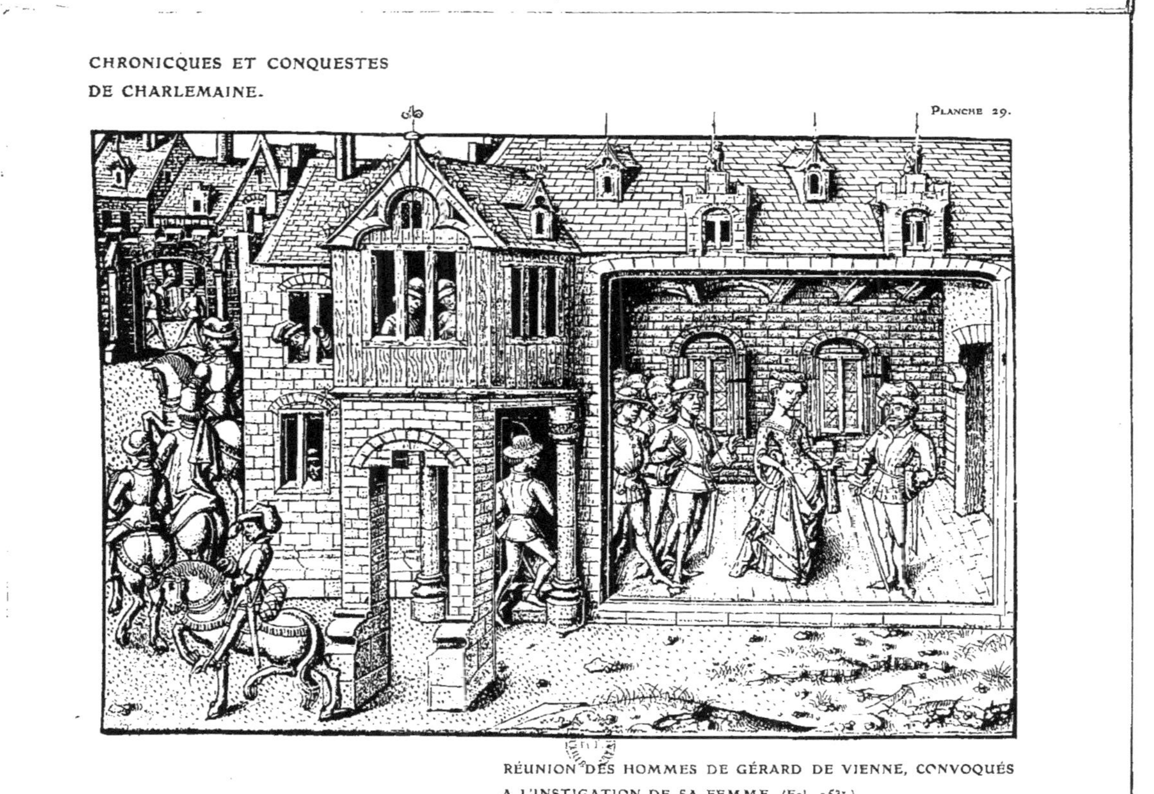

RÉUNION DES HOMMES DE GÉRARD DE VIENNE, CONVOQUÉS
A L'INSTIGATION DE SA FEMME. (Fol. 253ᵛ.)

PLANCHE 30.

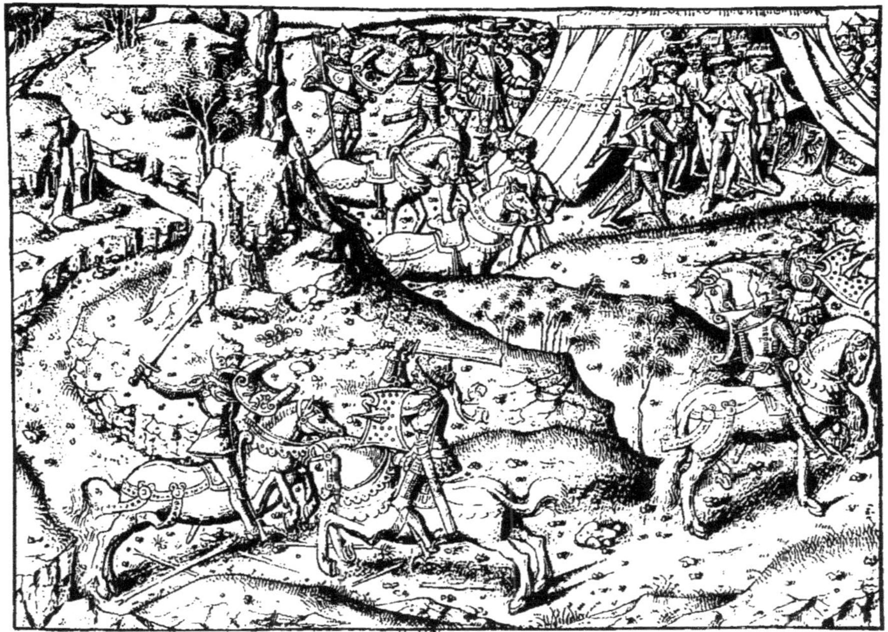

NAIME ENVOYÉ PAR CHARLEMAGNE VERS AGOULANT
ET LUTTANT CONTRE UN ROI PAÏEN. (Fol. 162.)

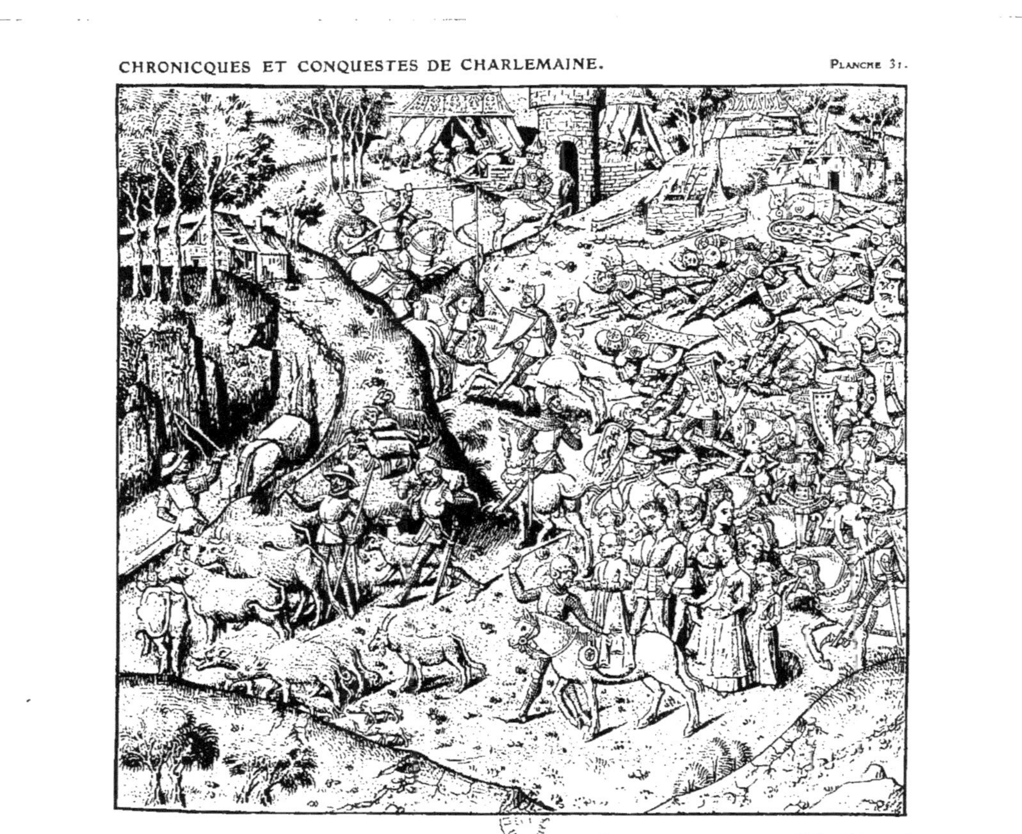

VICTOIRE DES CHRÉTIENS SUR LES SARRASINS. (Fol. 274ᵛ.)

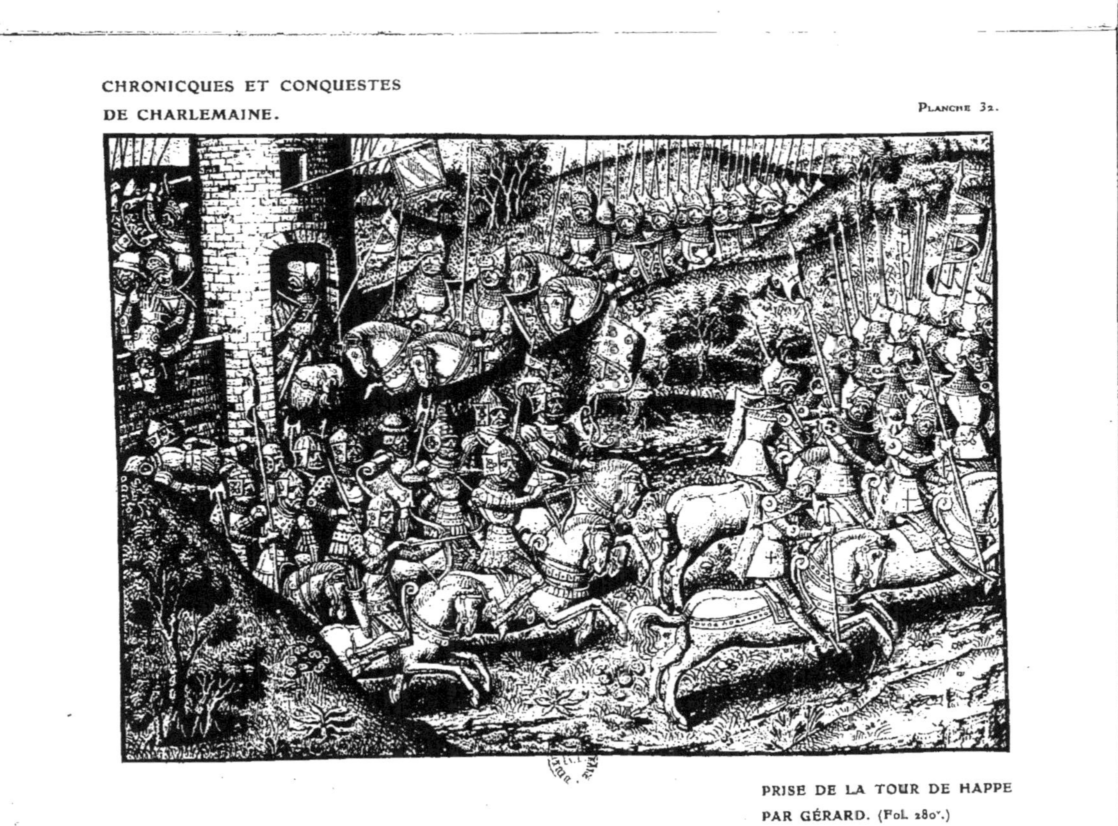

PRISE DE LA TOUR DE HAPPE
PAR GÉRARD. (Fol. 280ᵛ.)

CHRONICQUES ET CONQUESTES
DE CHARLEMAINE.

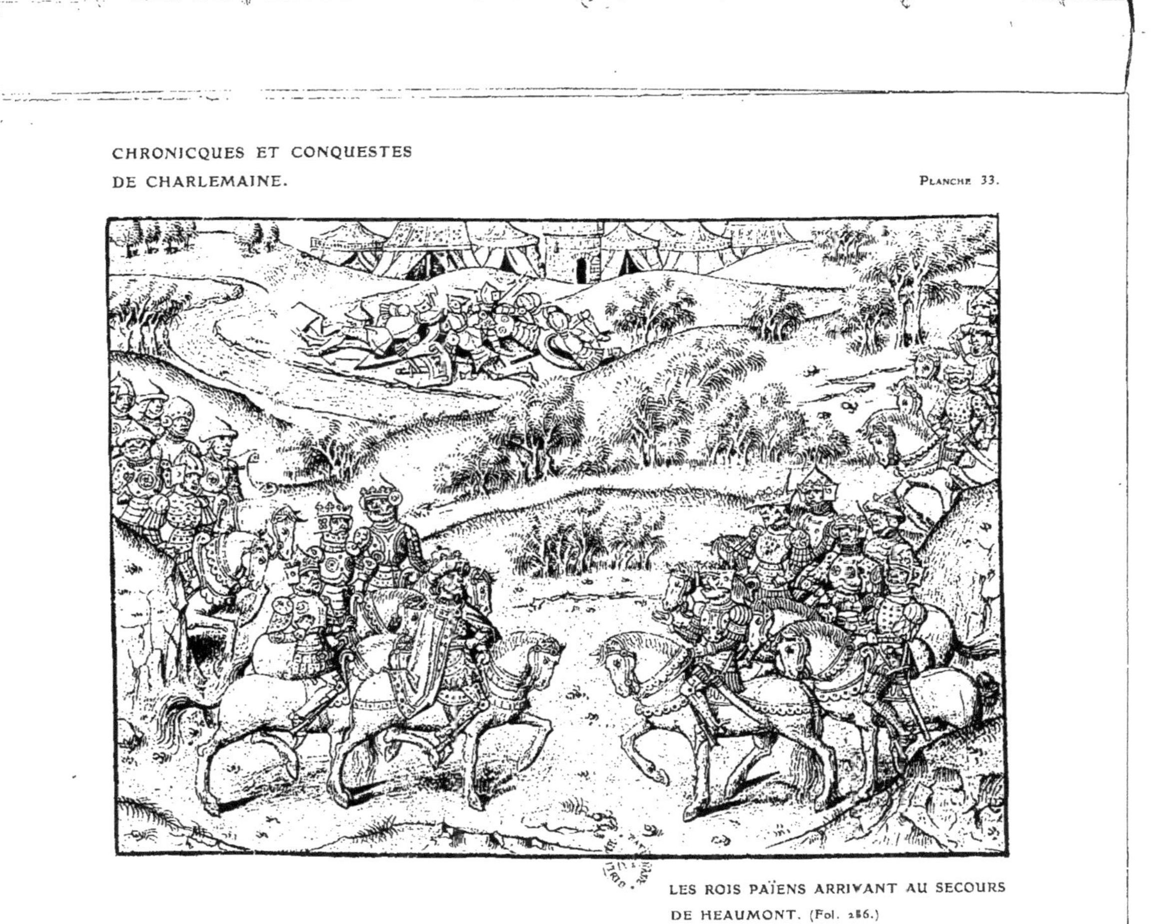

LES ROIS PAÏENS ARRIVANT AU SECOURS
DE HEAUMONT. (Fol. 286.)

CHRONICQUES ET CONQUESTES
DE CHARLEMAINE.

PLANCHE 34.

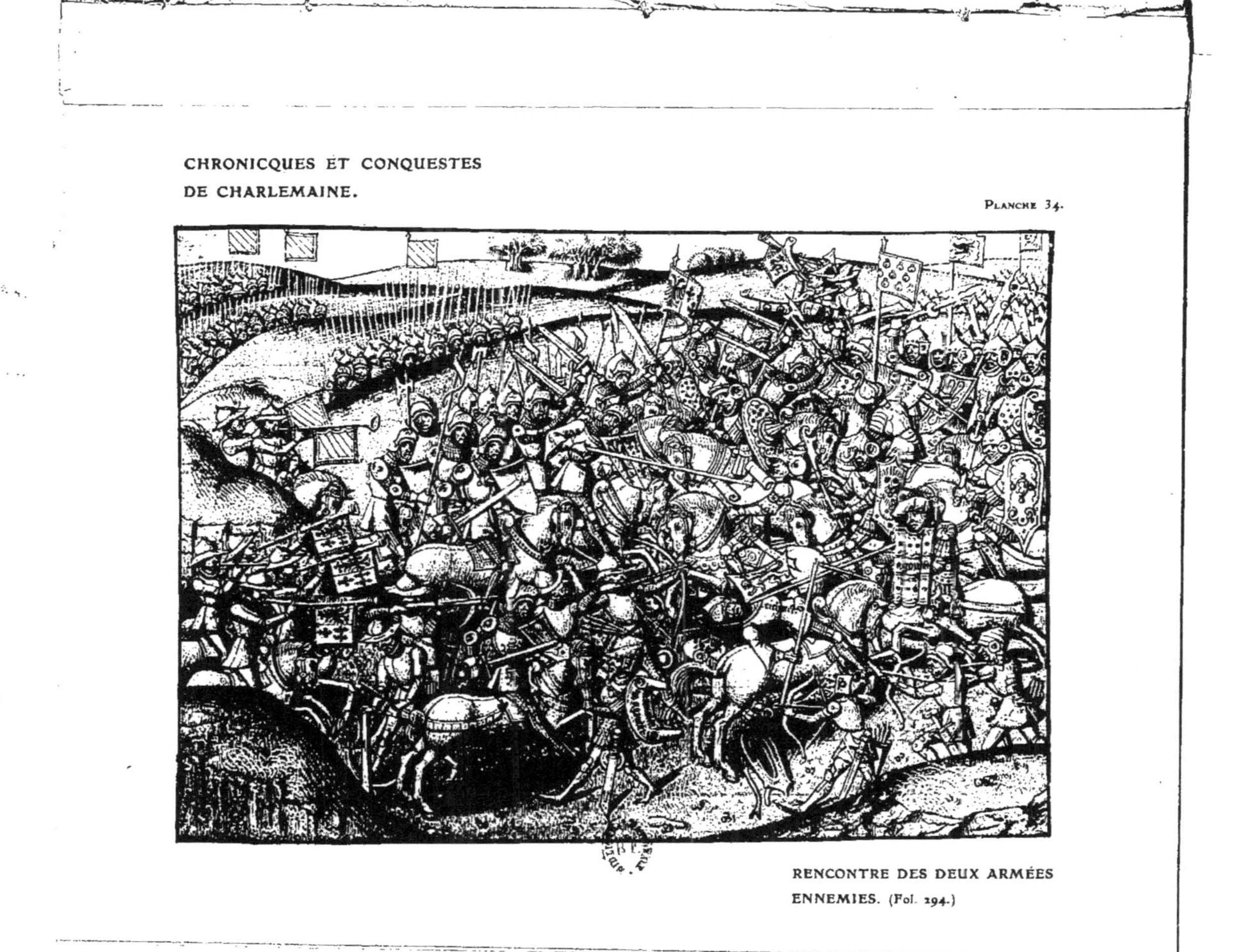

RENCONTRE DES DEUX ARMÉES
ENNEMIES. (Fol. 294.)

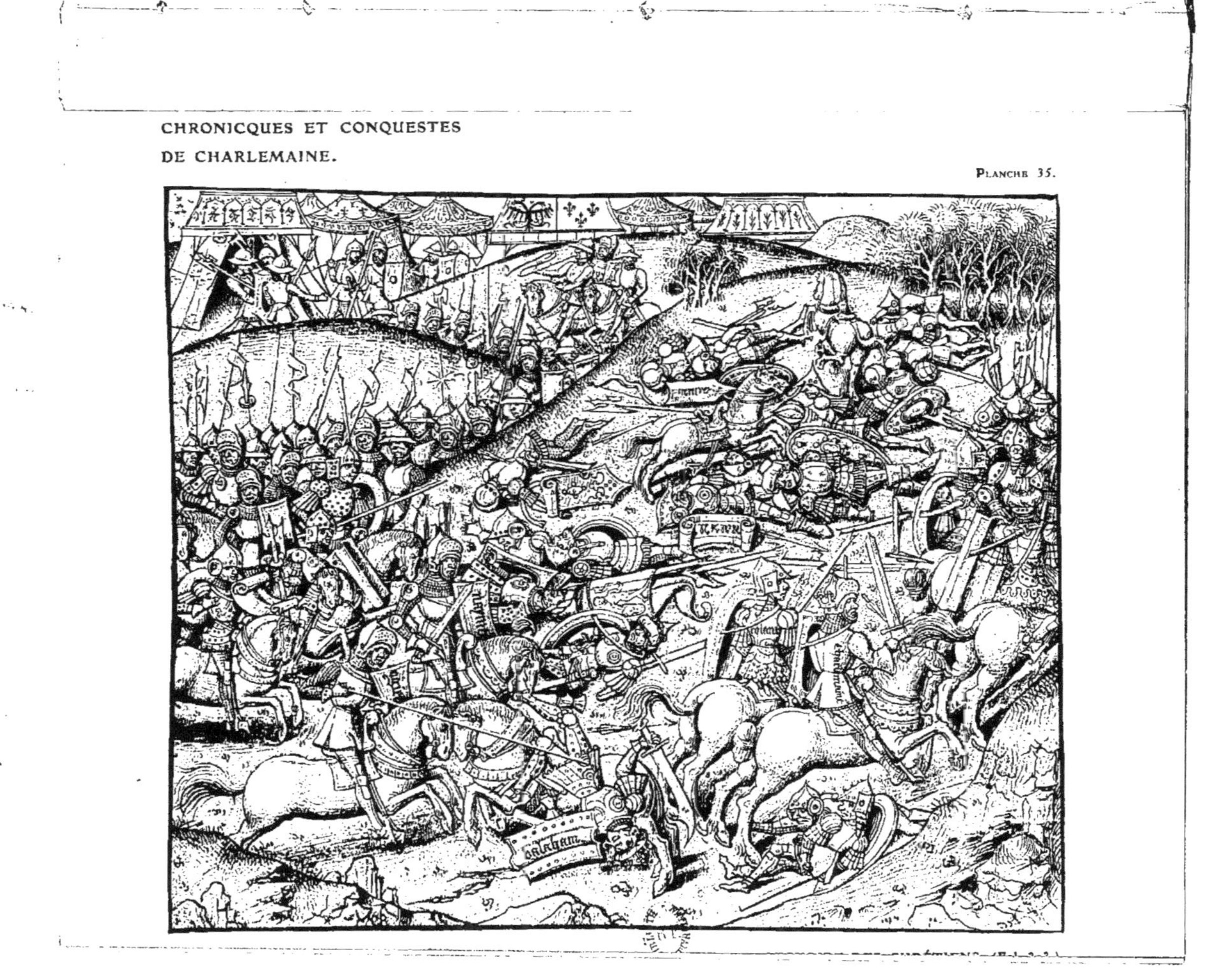

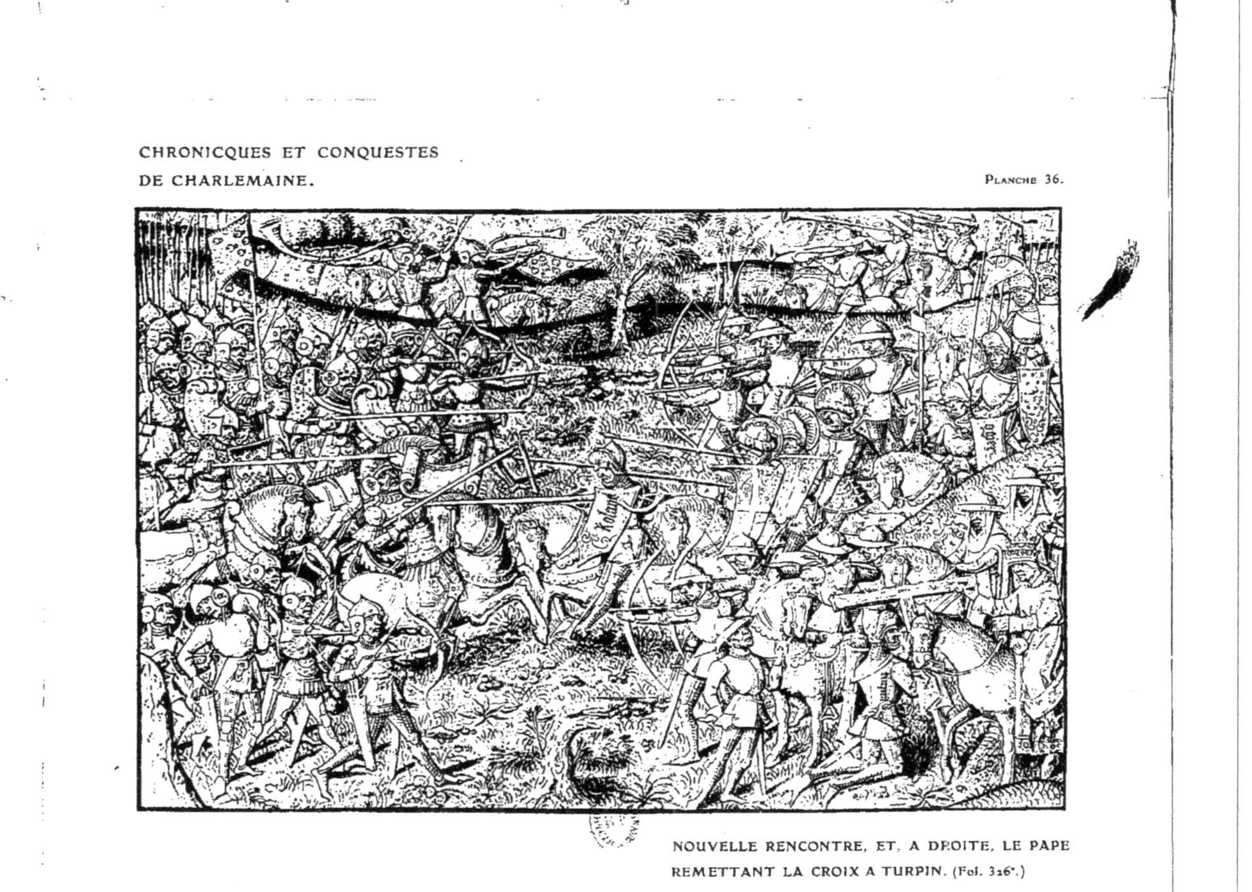

NOUVELLE RENCONTRE, ET, A DROITE, LE PAPE
REMETTANT LA CROIX A TURPIN. (Fol. 326ᵛ.)

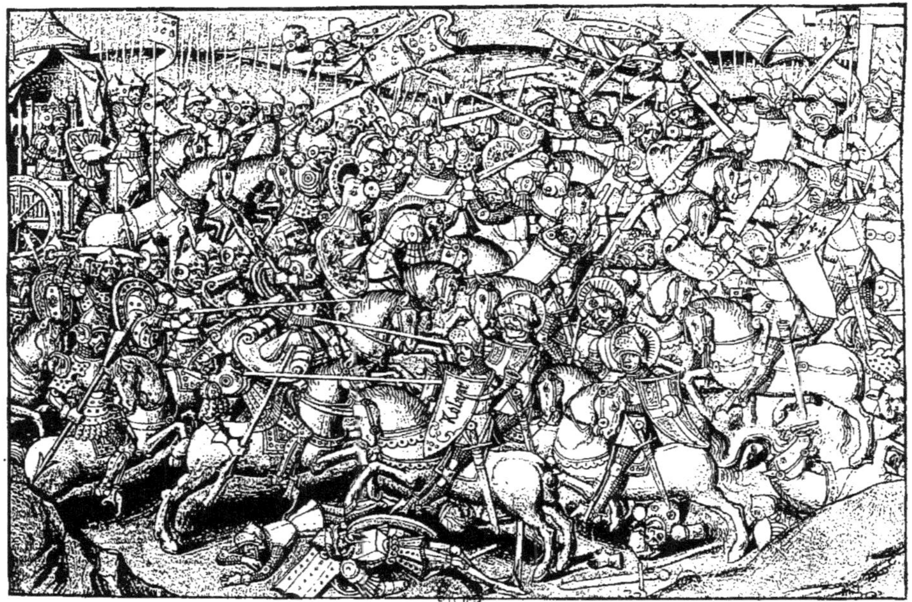

CHRONICQUES ET CONQUESTES
DE CHARLEMAINE.

ROLAND AU MILIEU DE LA BATAILLE. (Fol. 334.)

PLANCHE 38.

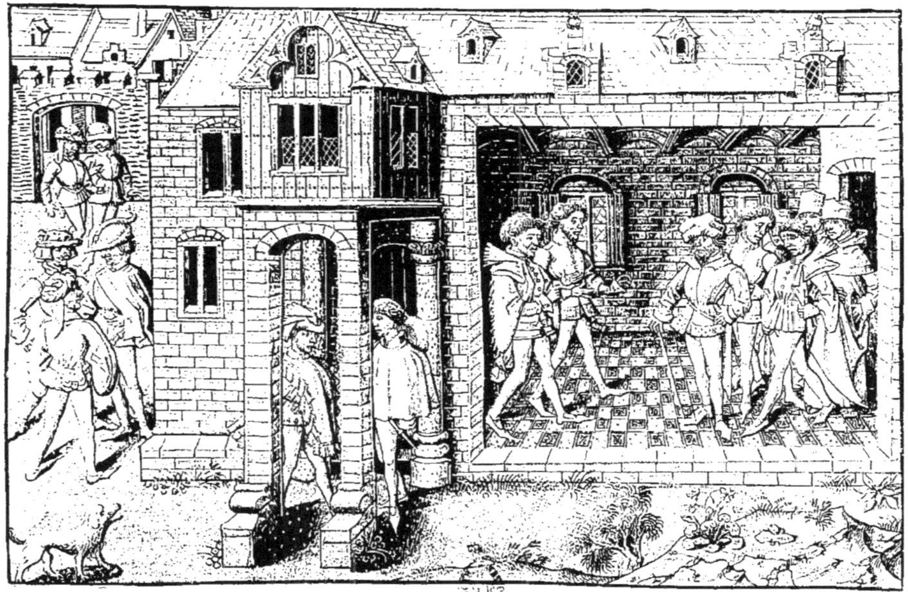

LES MESSAGERS DE CHARLEMAGNE DEVANT
GÉRARD DE VIENNE. (Fol. 358ᵛ.)

PLANCHE 39.

RENCONTRE D'OLIVIER, D'AUDE ET DE ROLAND AU SIÈGE DE VIENNE;
JOUTE DE ROLAND ET D'AIMERI DE BEAULANDE. (Fol. 363ᵛ.)

PLANCHE 40.

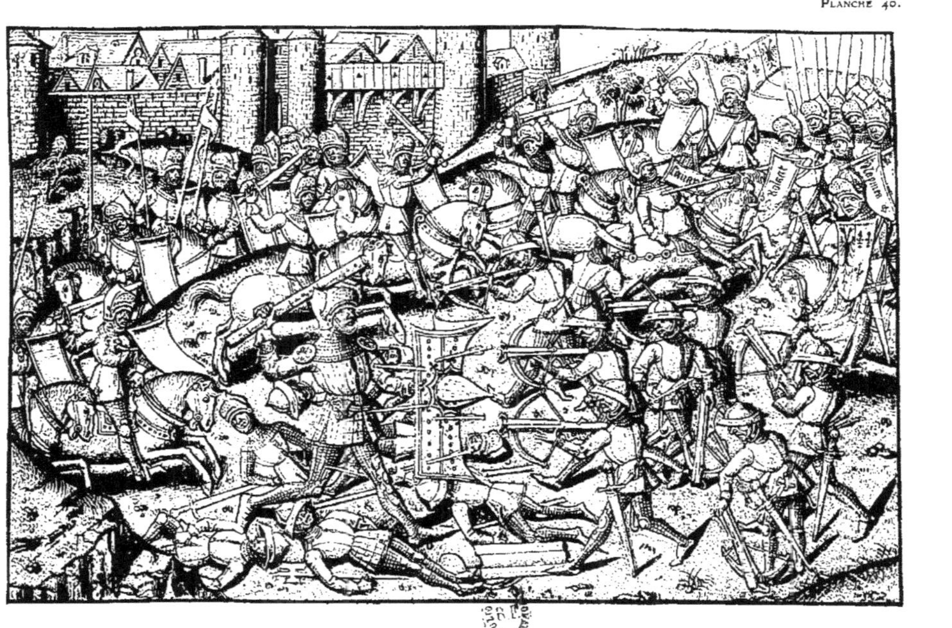

NOUVEAU COMBAT DE ROLAND. (Fol. 386.)

CHRONICQUES ET CONQUESTES
DE CHARLEMAINE.

PLANCHE 41.

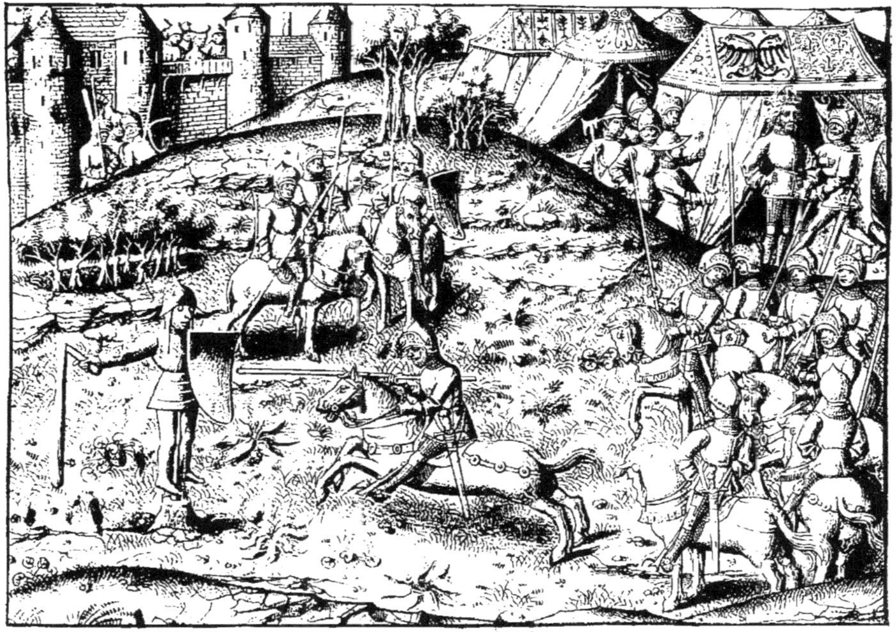

OLIVIER COURANT SUR LA QUINTAINE. (Fol. 414 v°.)

CHRONICQUES ET CONQUESTES
DE CHARLEMAINE.

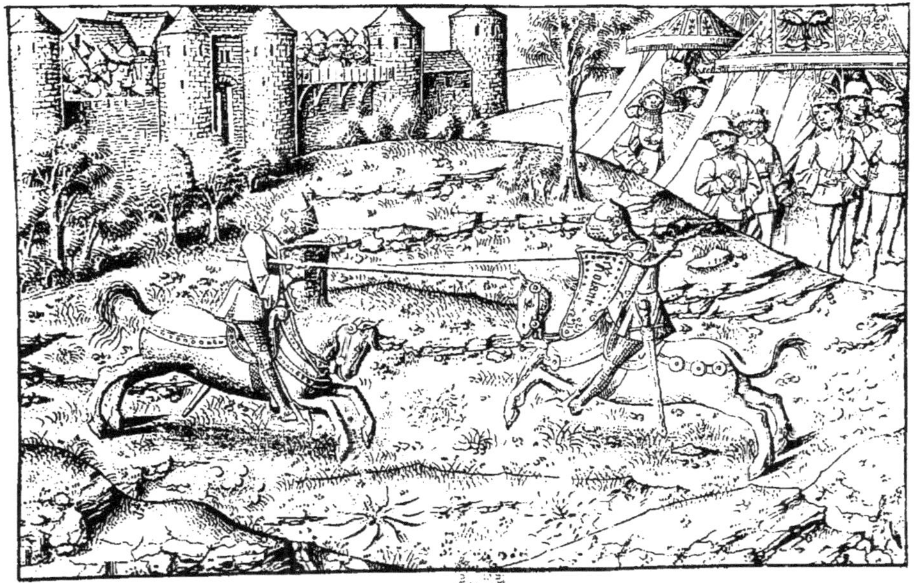

COMBAT SINGULIER DE ROLAND
ET D'OLIVIER (Fol. 427ᵛ.)

CHRONICQUES ET CONQUESTES
DE CHARLEMAINE.

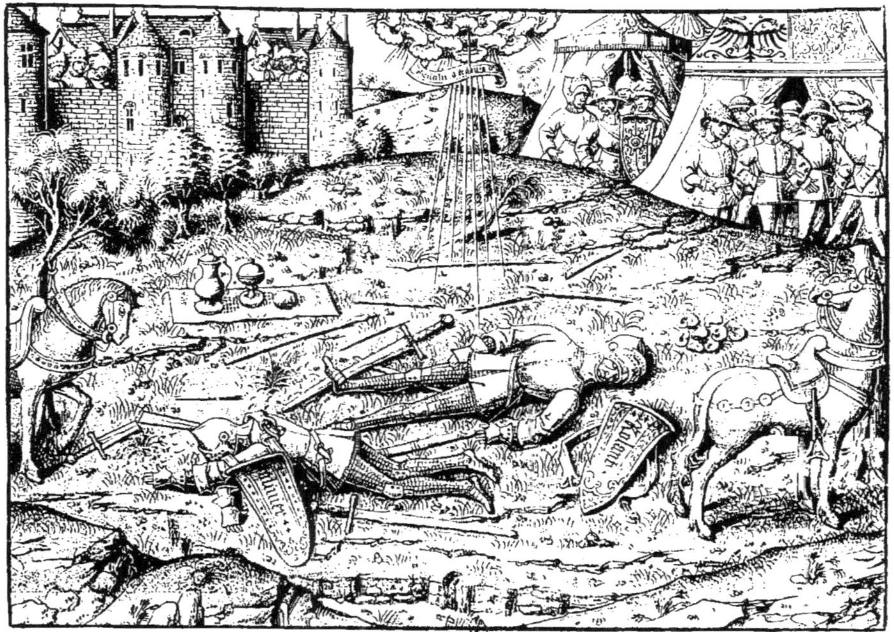

LA VOIX CÉLESTE ORDONNANT A OLIVIER
ET A ROLAND DE SE RÉCONCILIER. (Fol. 437.)

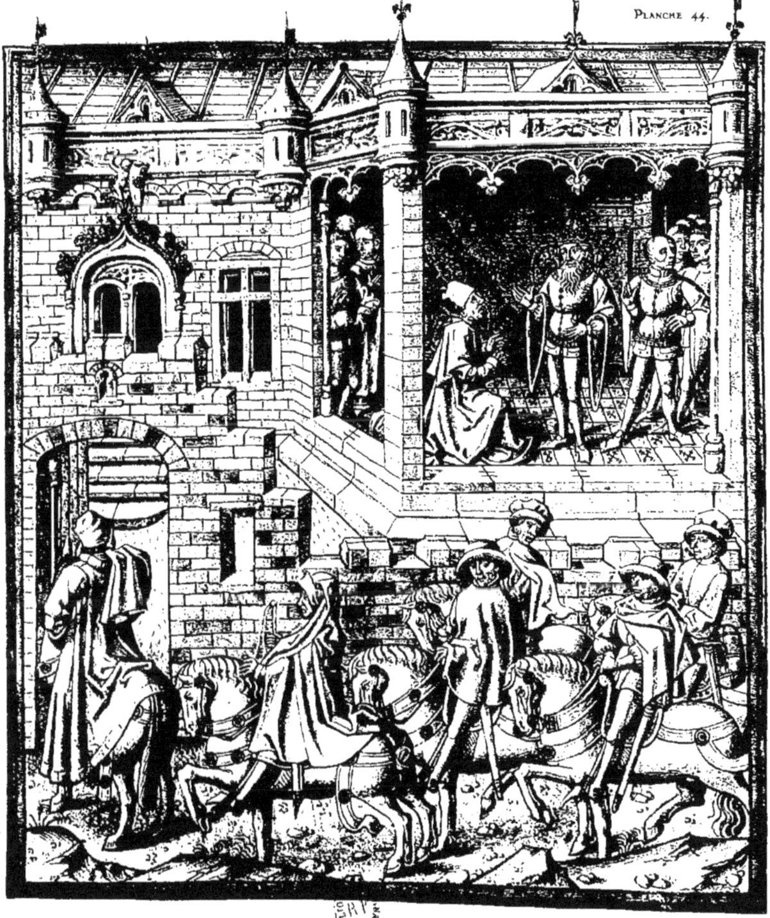

LE LÉGAT DU PAPE AUPRÈS DE CHARLEMAGNE,
A VIENNE. (T. II, fol. 14.)

PLANCHE 45.

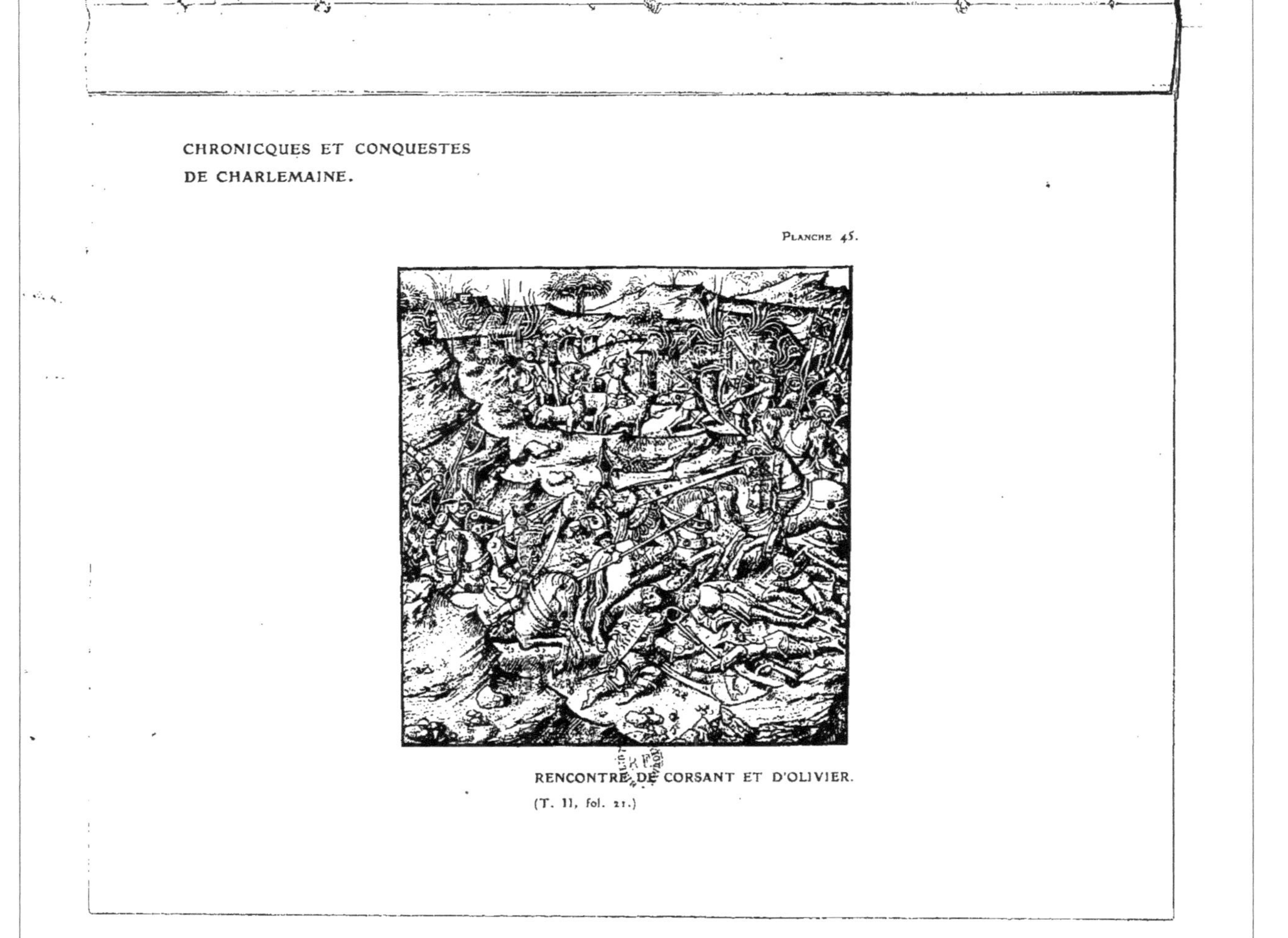

RENCONTRE DE CORSANT ET D'OLIVIER.

(T. II, fol. 21.)

CHRONICQUES ET CONQUESTES
DE CHARLEMAINE.

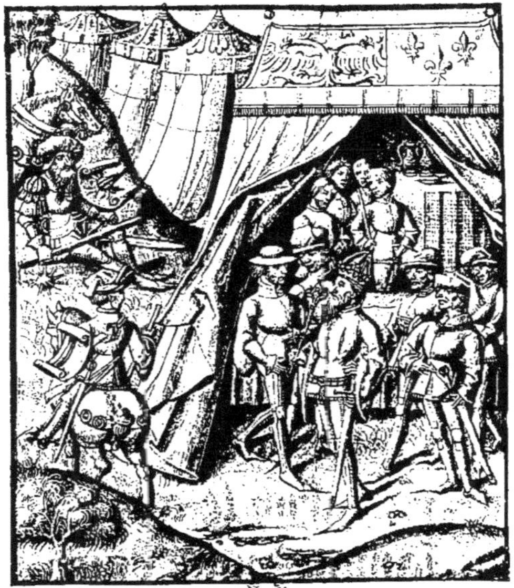

DÉFI DE FIERABRAS A CHARLEMAGNE

(T. II, fol. 27.)

PLANCHE 47.

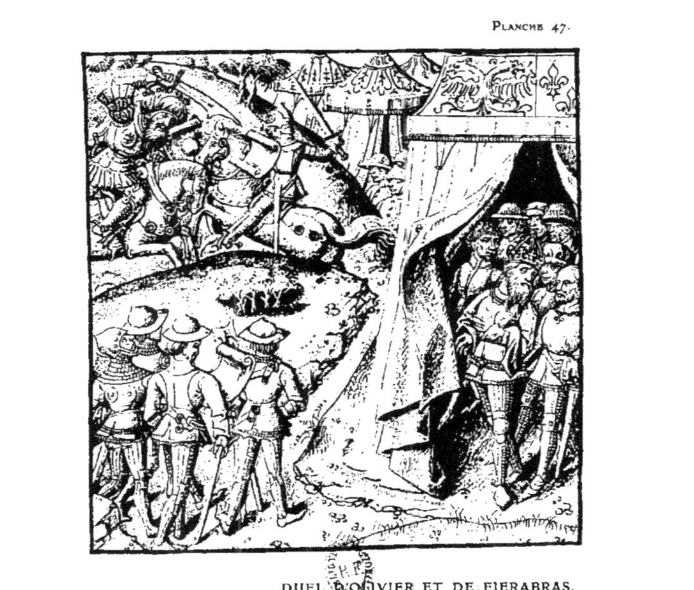

DUEL D'OLIVIER ET DE FIERABRAS.

(T. II, fol. 33ᵛ.)

PLANCHE 48.

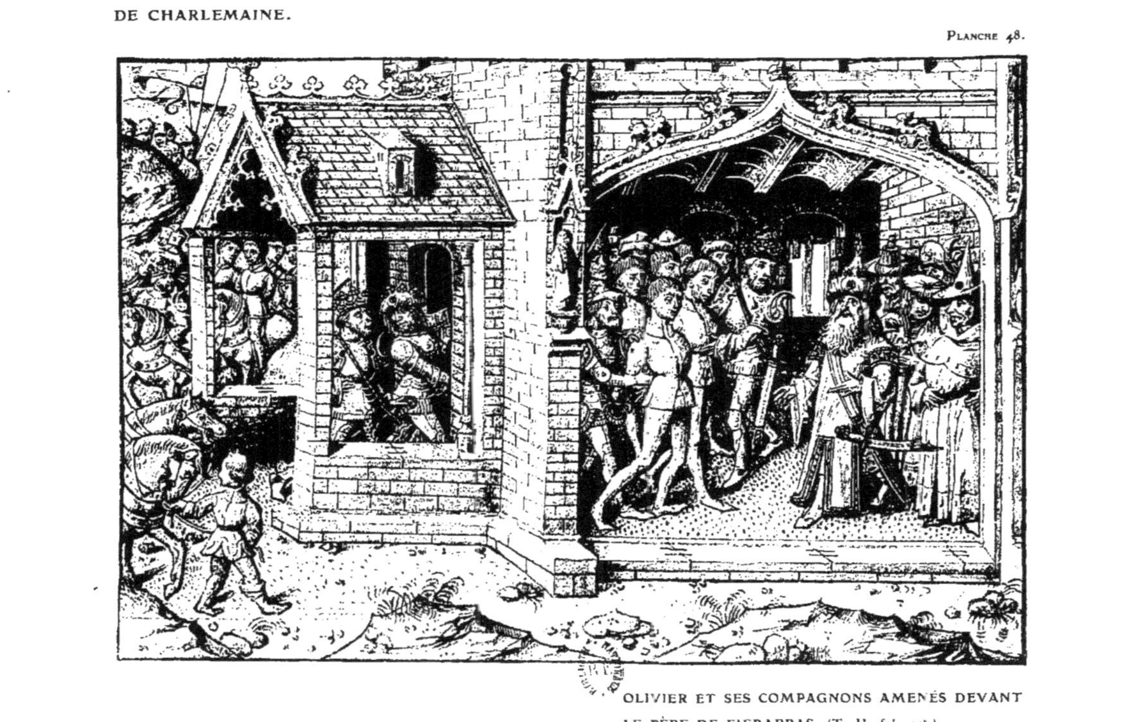

OLIVIER ET SES COMPAGNONS AMENÉS DEVANT
LE PÈRE DE FIERABRAS. (T. II, fol. 44ᵛ.)

CHRONICQUES ET CONQUESTES
DE CHARLEMAINE.

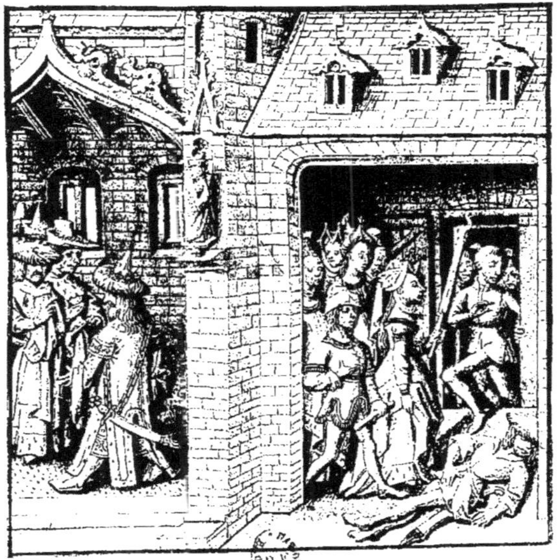

LES PRISONNIERS DÉLIVRÉS PAR FLORIPAIS.

(T. II, fol. 47.)

CHRONICQUES ET CONQUESTES
DE CHARLEMAINE.

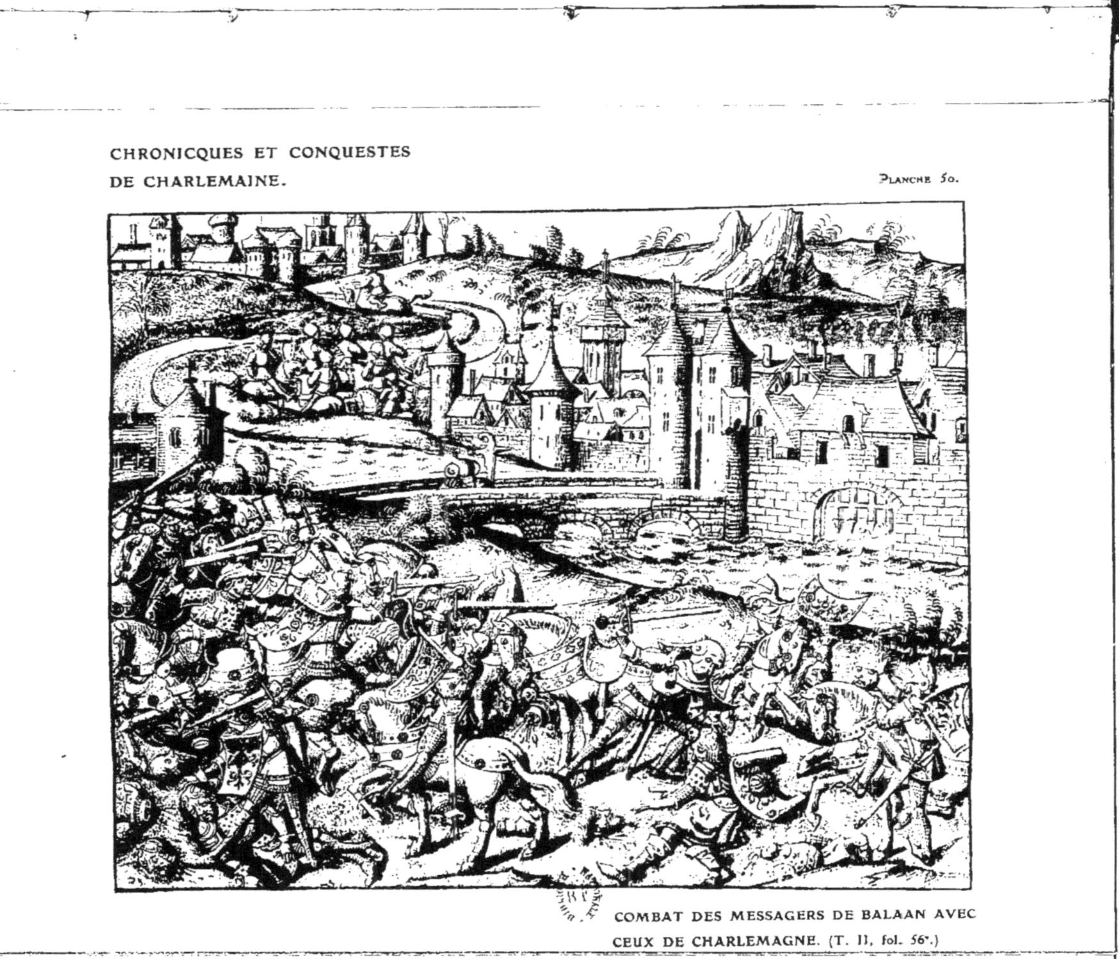

COMBAT DES MESSAGERS DE BALAAN AVEC
CEUX DE CHARLEMAGNE. (T. II, fol. 56ᵛ.)

CHRONICQUES ET CONQUESTES
DE CHARLEMAINE.

PLANCHE 51.

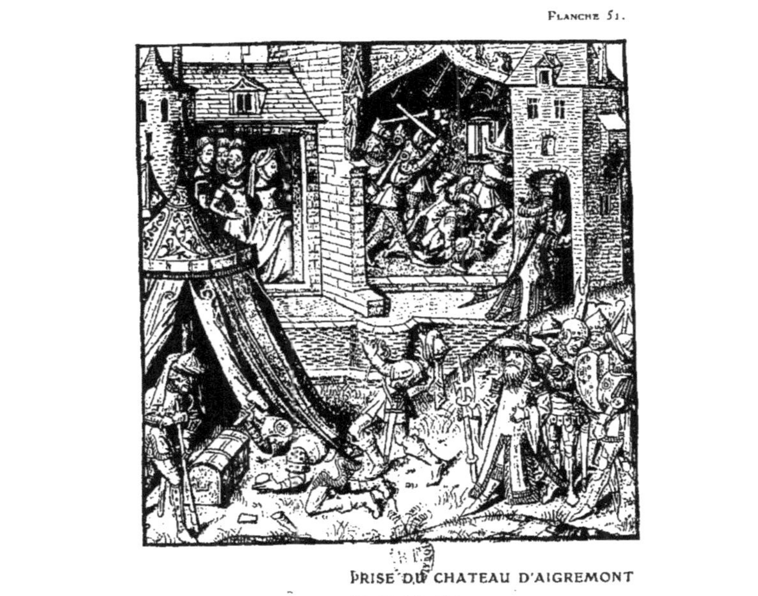

PRISE DU CHATEAU D'AIGREMONT

(T. II, fol. 66v.)

CHRONICQUES ET CONQUESTES
DE CHARLEMAINE.

PLANCHE 52.

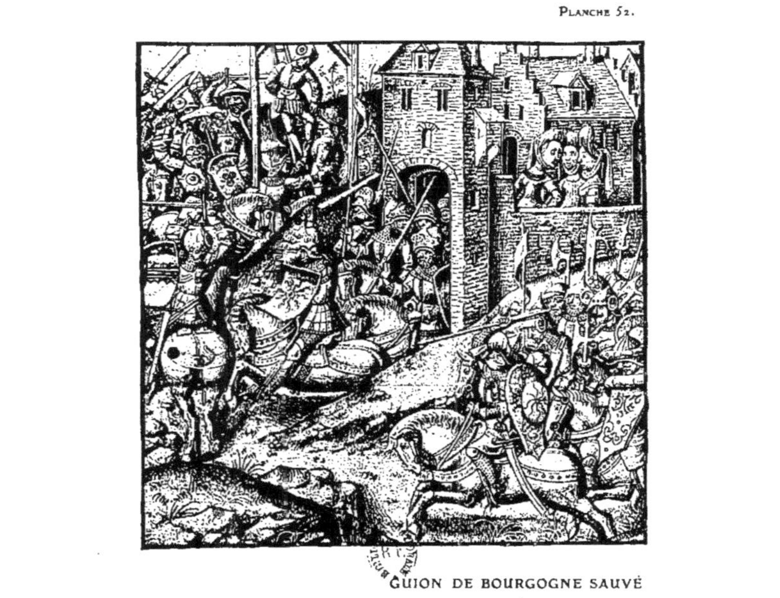

GUION DE BOURGOGNE SAUVÉ
DU GIBET. (T. II, fol. 69.)

CHRONICQUES ET CONQUESTES
DE CHARLEMAINE.

PRISE DU PONT DE MANTRIBLE.

(T. II, fol. 85ʳ.)

PLANCHE 54.

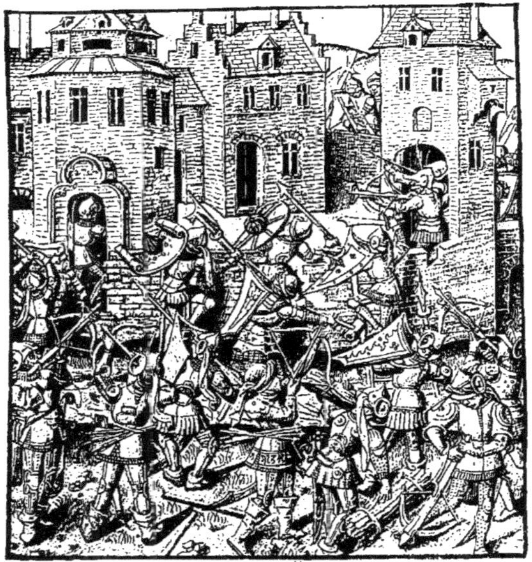

ASSAUT DONNÉ AU CHATEAU
D'AIGREMONT. (T. II, fol. 89.)

CHRONICQUES ET CONQUESTES
DE CHARLEMAINE.

PLANCHE 55.

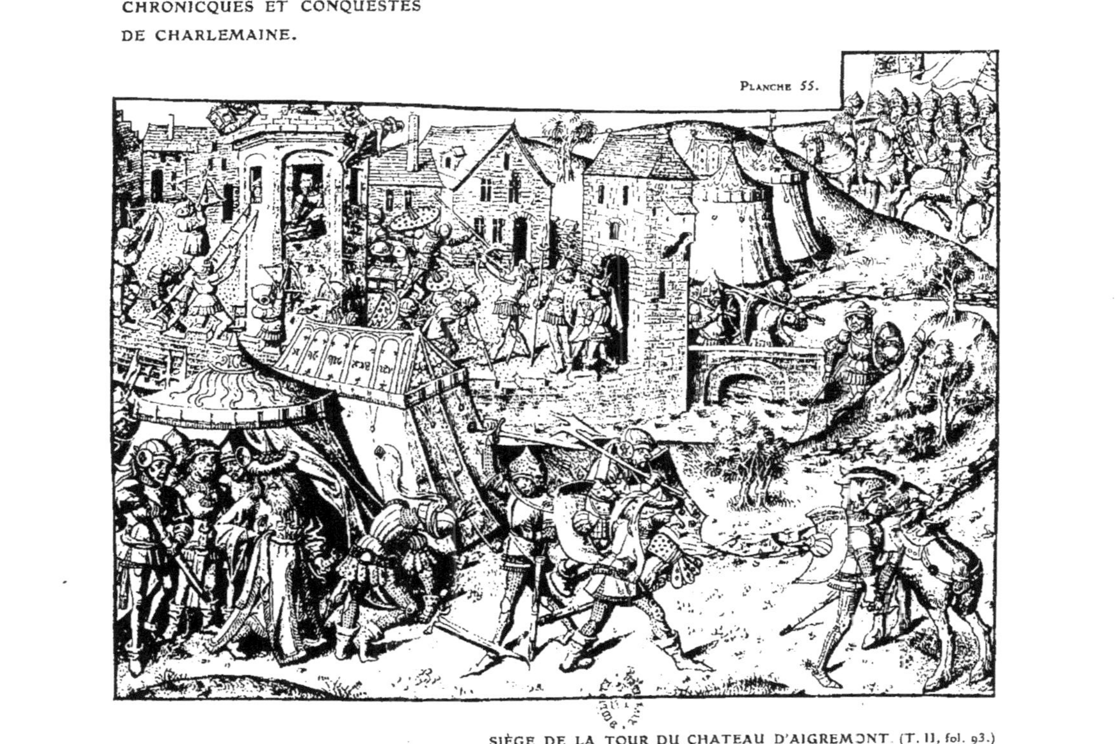

SIÈGE DE LA TOUR DU CHATEAU D'AIGREMONT. (T. II, fol. 93.)

CHRONICQUES ET CONQUESTES
DE CHARLEMAINE.

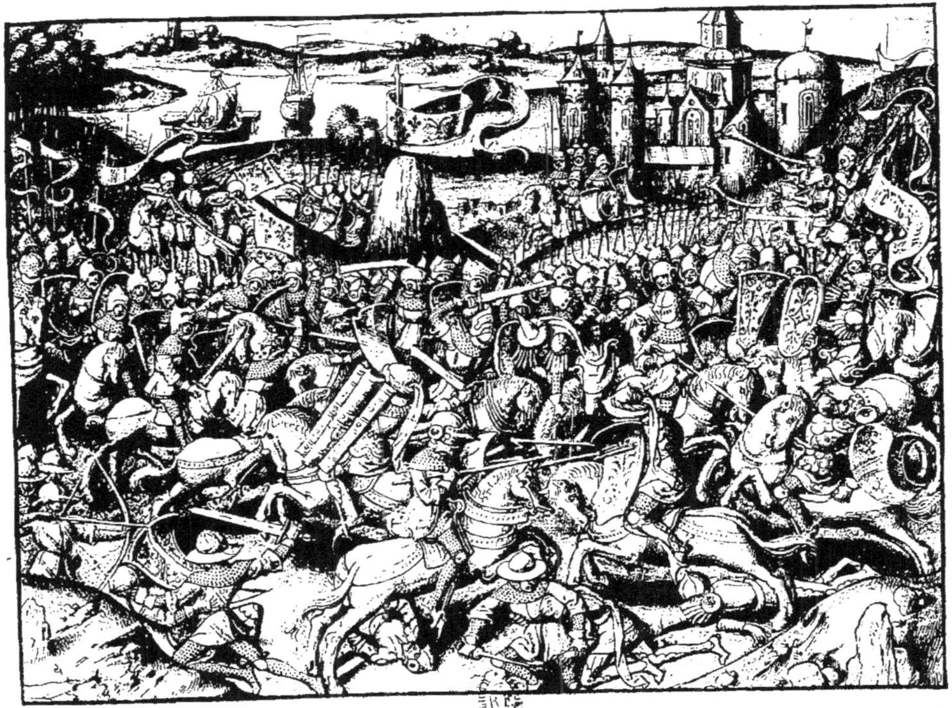

MÉLÉE DES CHRÉTIENS ET DES TROUPES DE BRUHANT. (T. II, fol. 96ᵛ.)

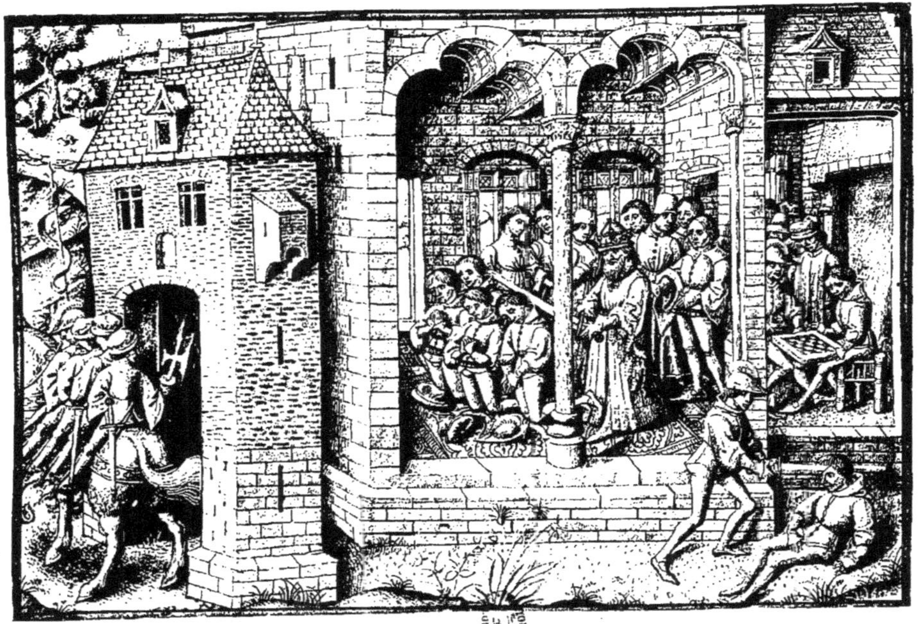

L'« ADOUBEMENT » DES QUATRE FILS AYMON. (T. II, fol. 103ᵛ.)

CHRONICQUES ET CONQUESTES
DE CHARLEMAINE.

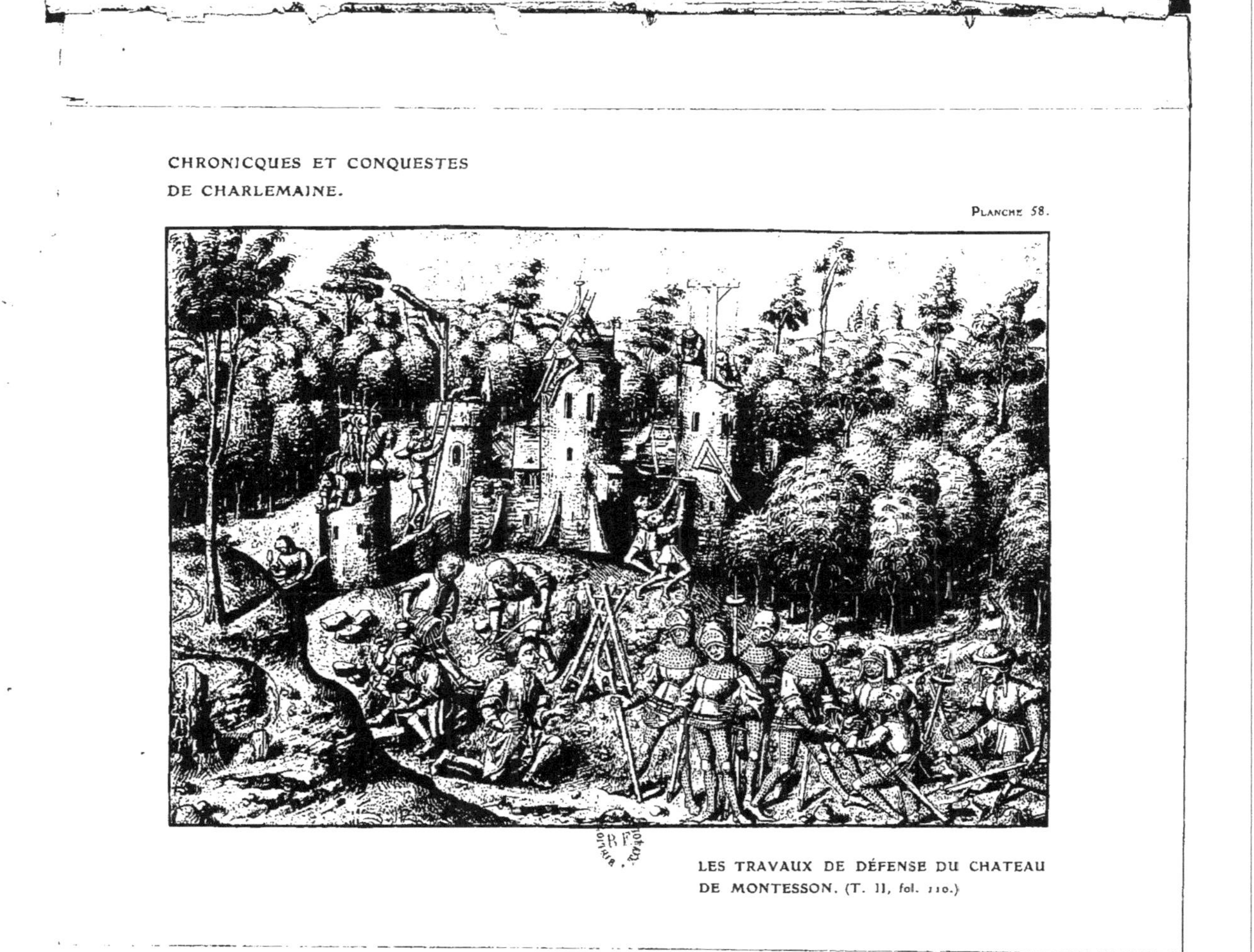

LES TRAVAUX DE DÉFENSE DU CHATEAU
DE MONTESSON. (T. II, fol. 110.)

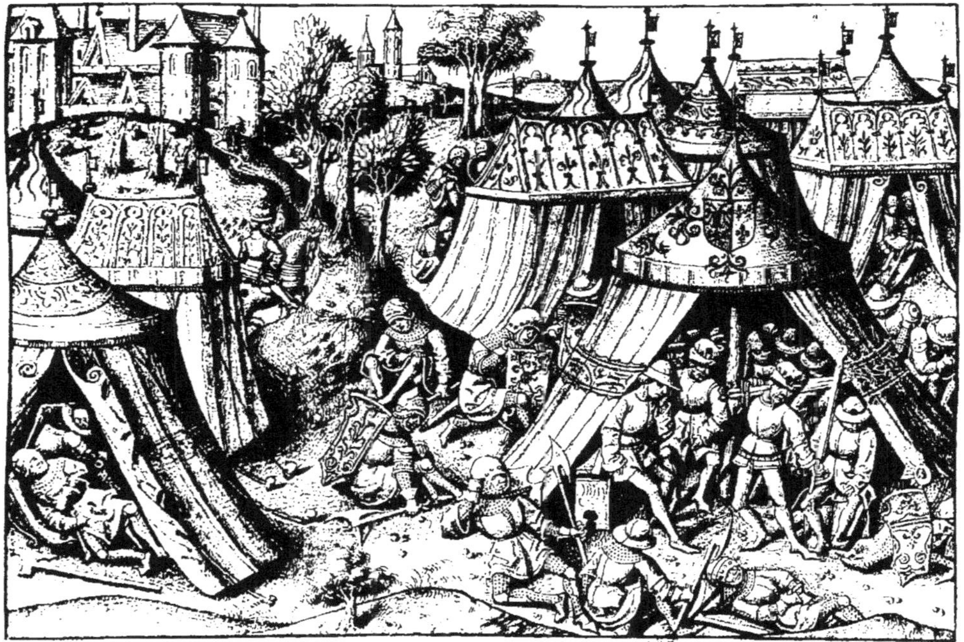

CHRONICQUES ET CONQUESTES
DE CHARLEMAINE.

MAUGIS DÉPOUILLANT CHARLEMAGNE ET SES PAIRS DE LEURS EPÉES,
DURANT LEUR SOMMEIL, AU SIÈGE DE MONTAUBAN. (T. II, fol. 128ᵛ.)

CHRONICQUES ET CONQUESTES
DE CHARLEMAINE.

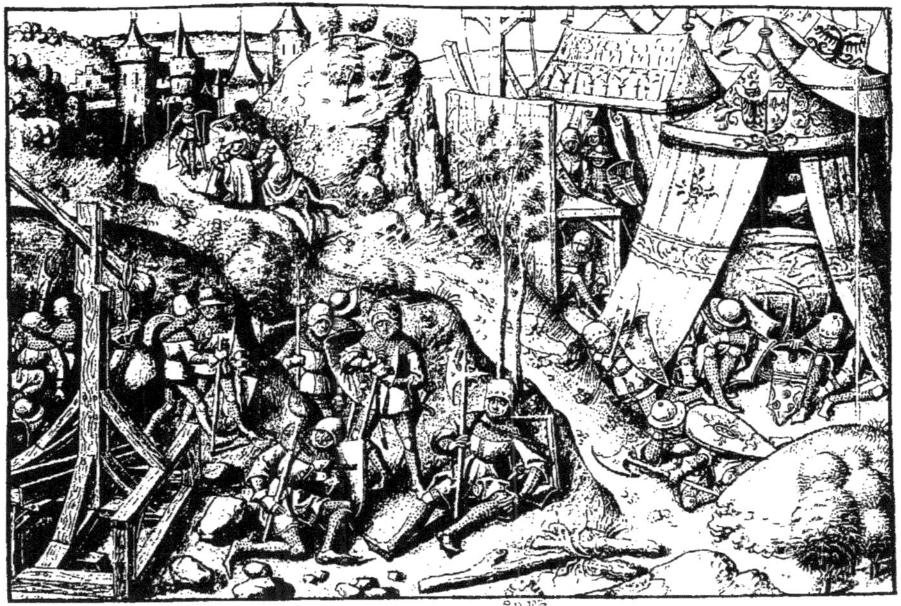

MAUGIS EMMENANT A MONTAUBAN L'EMPEREUR
ENSORCELÉ. (T. II, fol. 138.)

CHRONICQUES ET CONQUESTES
DE CHARLEMAINE.

PRÉPARATIFS DE CHARLES POUR SE RENDRE
AU SIÈGE DE TRÉMOIGNE. (T. II, fol. 149ᵛ.)

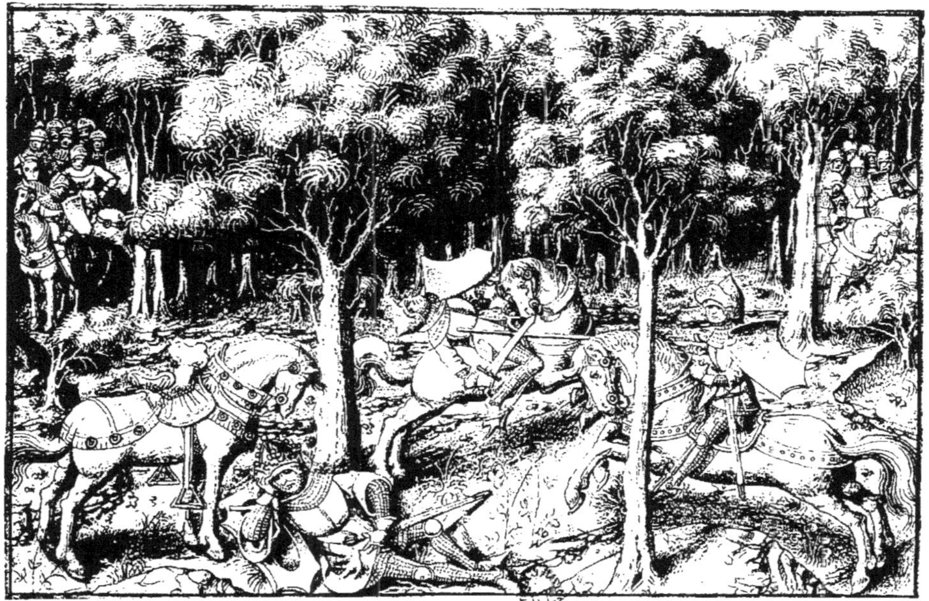

CHRONICQUES ET CONQUESTES
DE CHARLEMAINE.

ROLAND DÉFENDANT L'EMPEREUR ENDORMI
CONTRE GANELON. (T. II. fol. 154.)

CHRONICQUES ET CONQUESTES
DE CHARLEMAINE.

LES DÉLÉGUÉS DE RENAUT AUPRÈS
DE L'EMPEREUR. (T. II, fol. 171.)

CHRONICQUES ET CONQUESTES
DE CHARLEMAINE.

SOUMISSION DE RENAUT ET DE SA FAMILLE
A CHARLEMAGNE. (T. II, fol. 182.)

CHRONICQUES ET CONQUESTES
DE CHARLEMAINE.

PLANCHE 65.

APPARITION DE SAINT JACQUES A CHARLEMAGNE ET ENTREVUE
DE CE DERNIER AVEC L'ÉVÊQUE YSORE. (T. II, fol. 186ᵛ.)

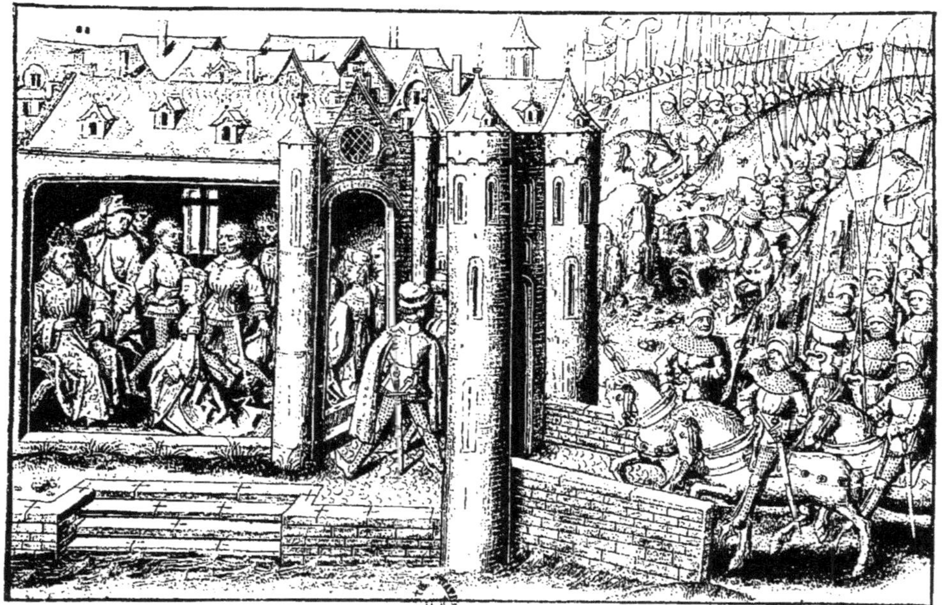

FIANÇAILLES D'AUDE ET DE ROLAND. DÉPART DES
BARONS POUR L'ESPAGNE. (T. II, fol. 193.)

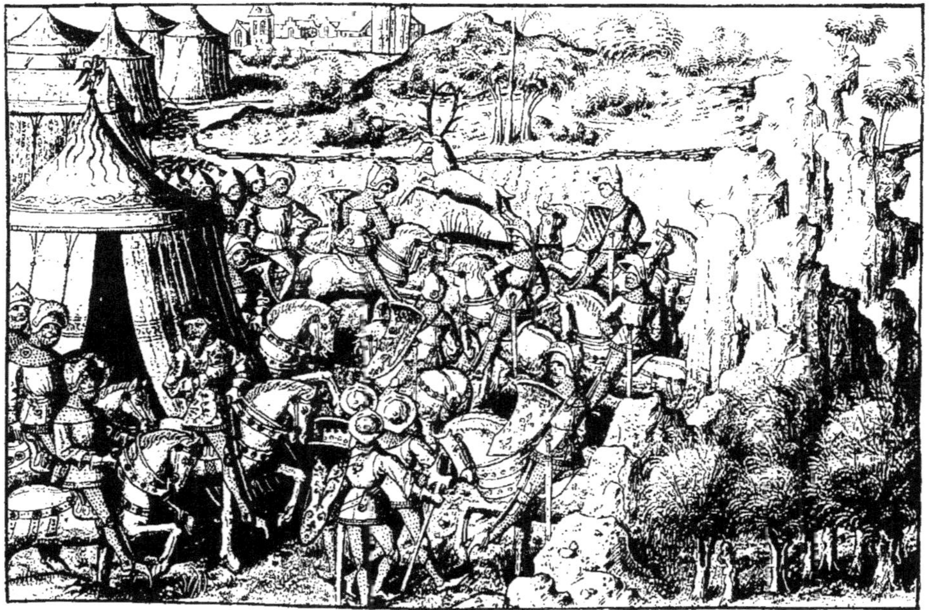

L'ARMÉE DE L'EMPEREUR SE DISPOSANT A PASSER
LA GIRONDE EN FACE DE BORDEAUX, (T. II, fol. 198.)

CHRONICQUES ET CONQUESTES
DE CHARLEMAINE.

PLANCHE 68.

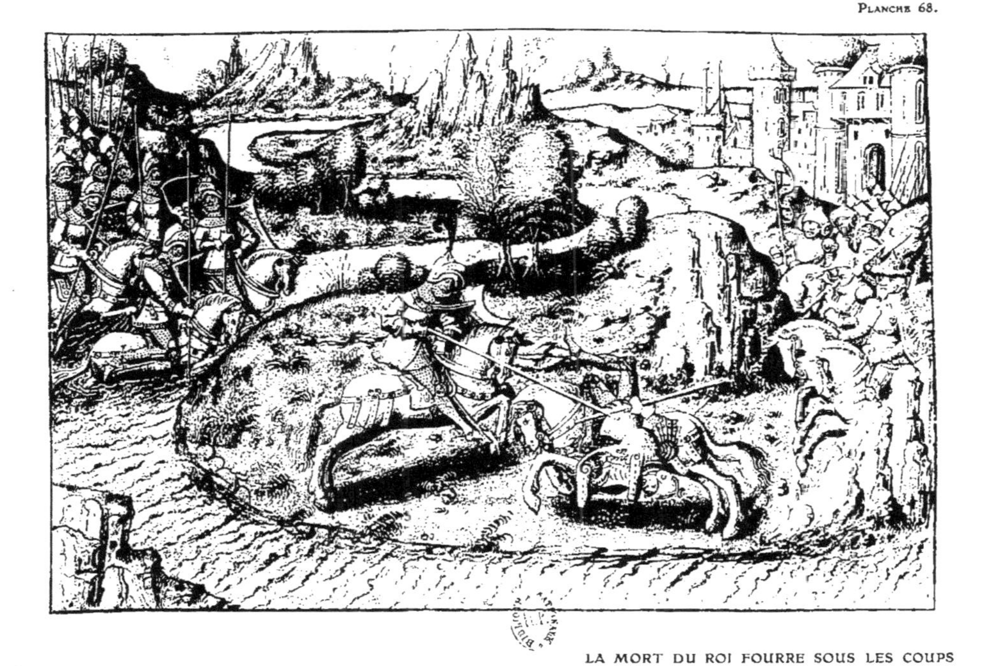

LA MORT DU ROI FOURRE SOUS LES COUPS
D'OLIVIER. (T. II. fol. 205.)

CHRONICQUES ET CONQUESTES
DE CHARLEMAINE.

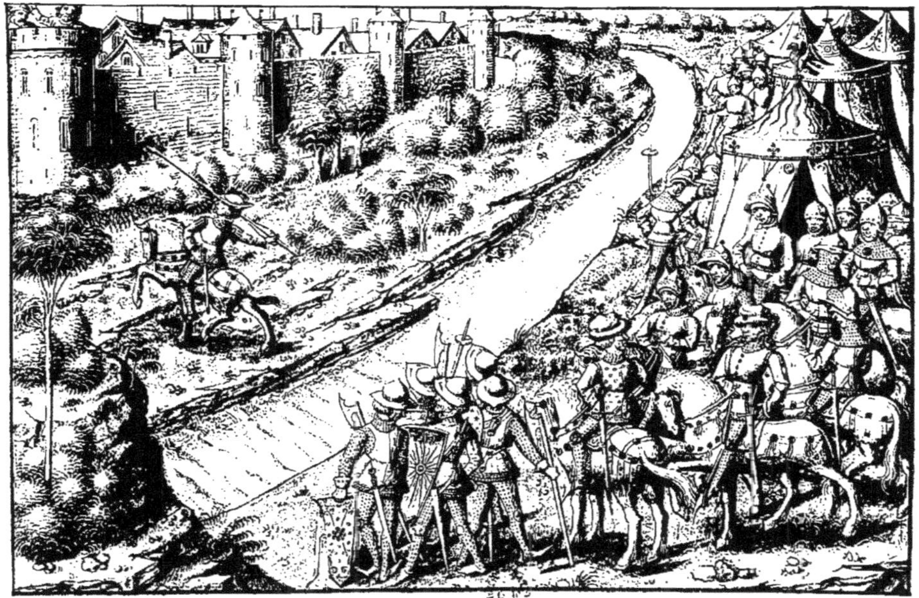

SIÈGE DE PAMPELUNE. (T. II, fol. 214.)

CHRONICQUES ET CONQUESTES
DE CHARLEMAINE.

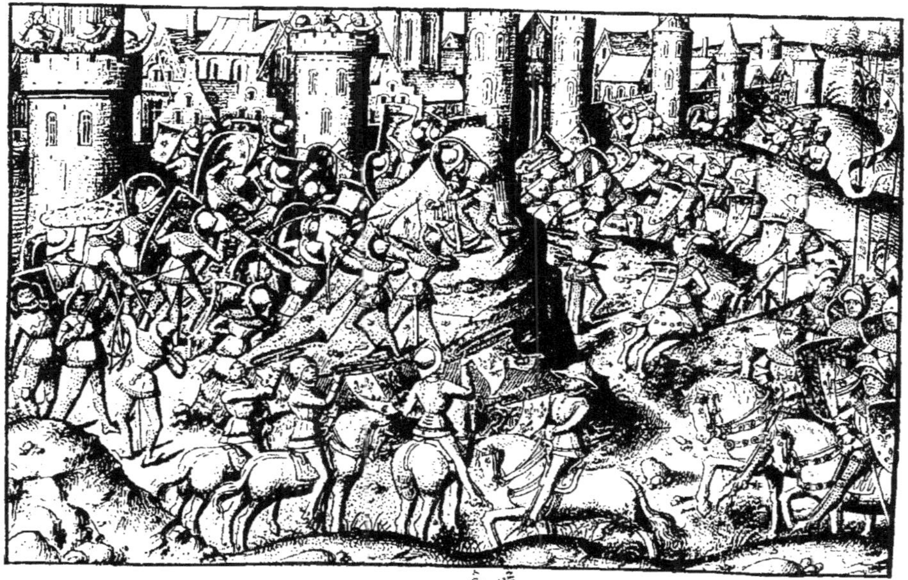

ASSAUT CONTRE PAMPELUNE. (T. II, fol. 218ᵛ.)

PLANCHE 71.

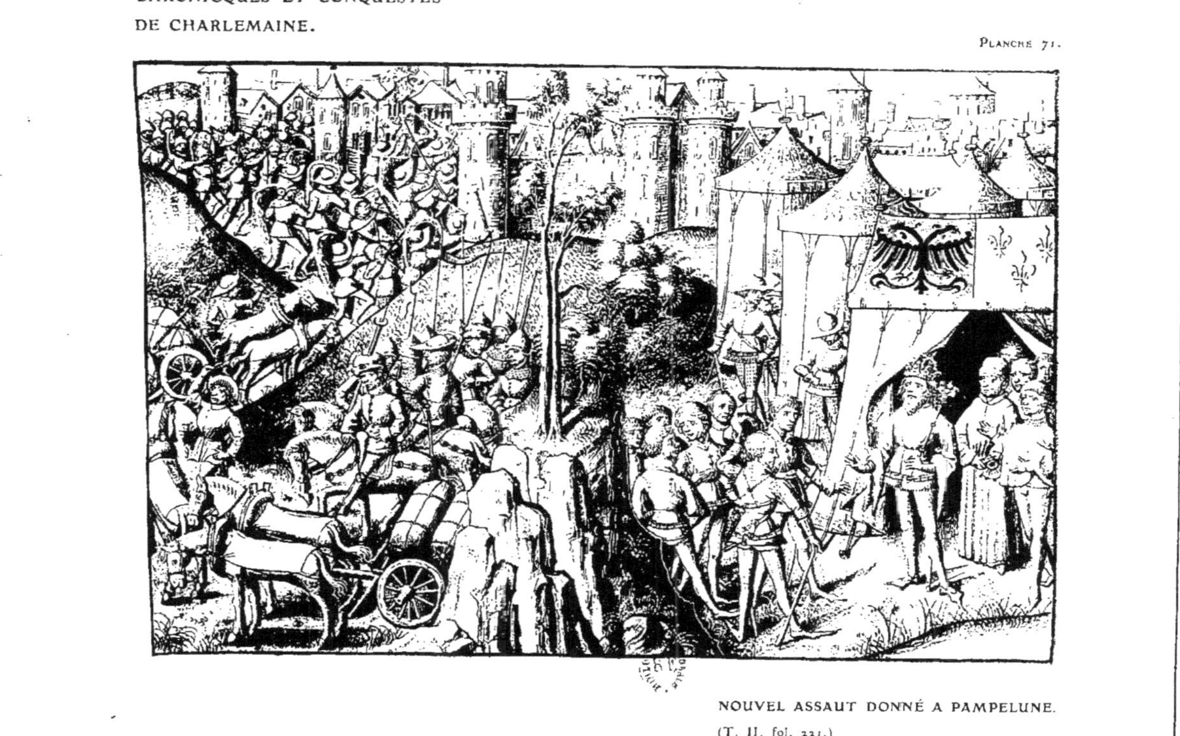

NOUVEL ASSAUT DONNÉ A PAMPELUNE.

(T. II, fol. 221.)

CHRONICQUES ET CONQUESTES
DE CHARLEMAINE.

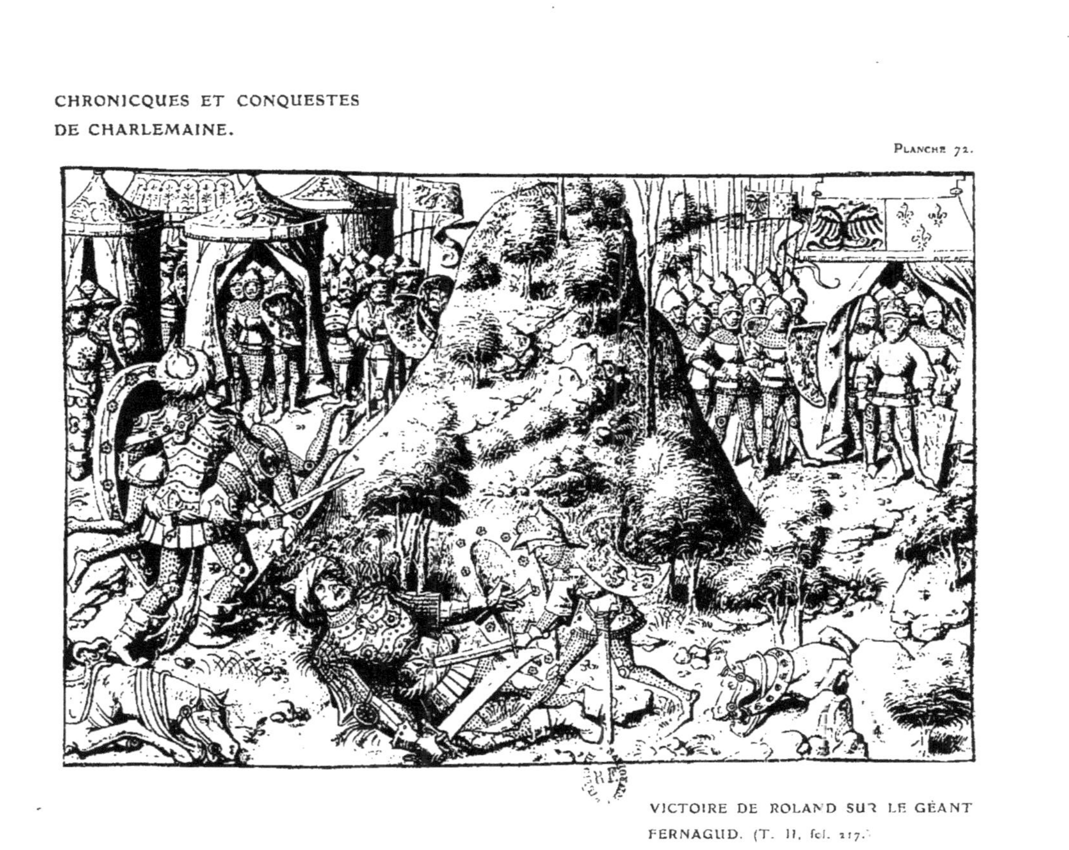

VICTOIRE DE ROLAND SUR LE GÉANT
FERNAGUD. (T. II, fol. 217.)

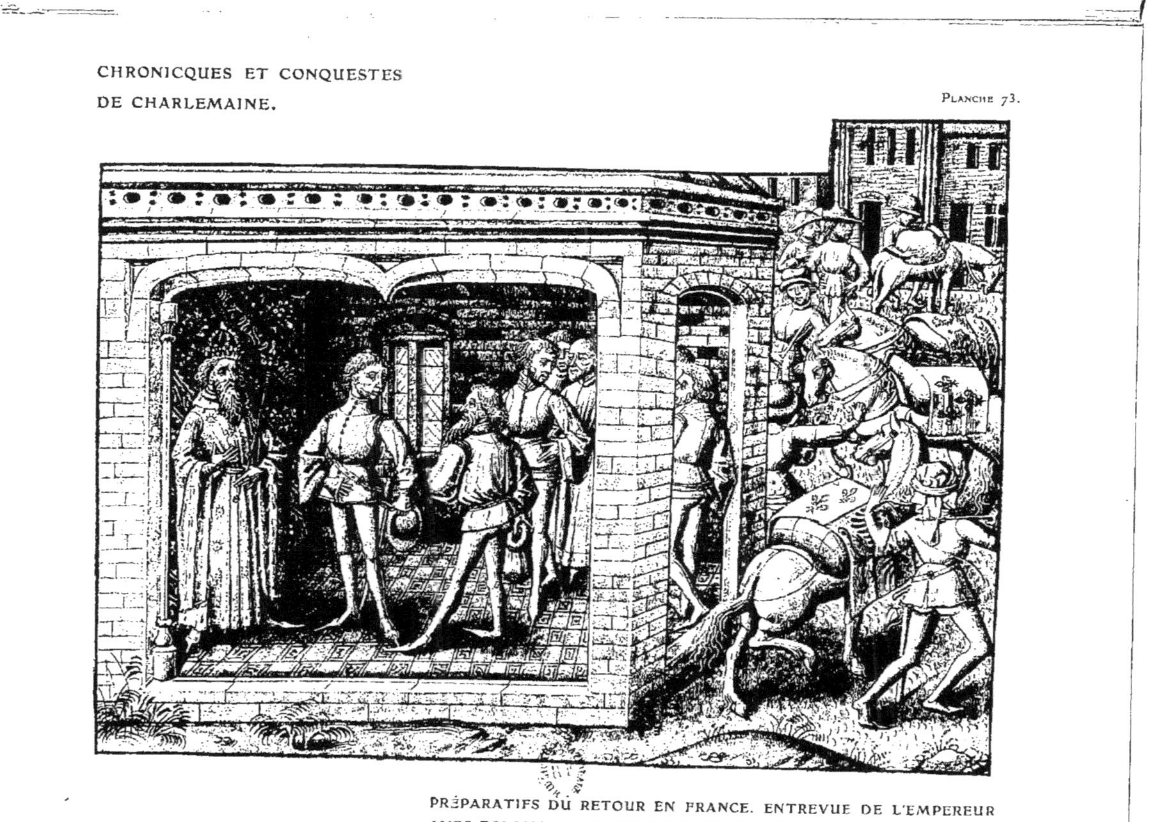

PRÉPARATIFS DU RETOUR EN FRANCE. ENTREVUE DE L'EMPEREUR
AVEC ROLAND ET GANELON. (T. II, fol. 238ᵛ.)

CHRONICQUES ET CONQUESTES
DE CHARLEMAINE.

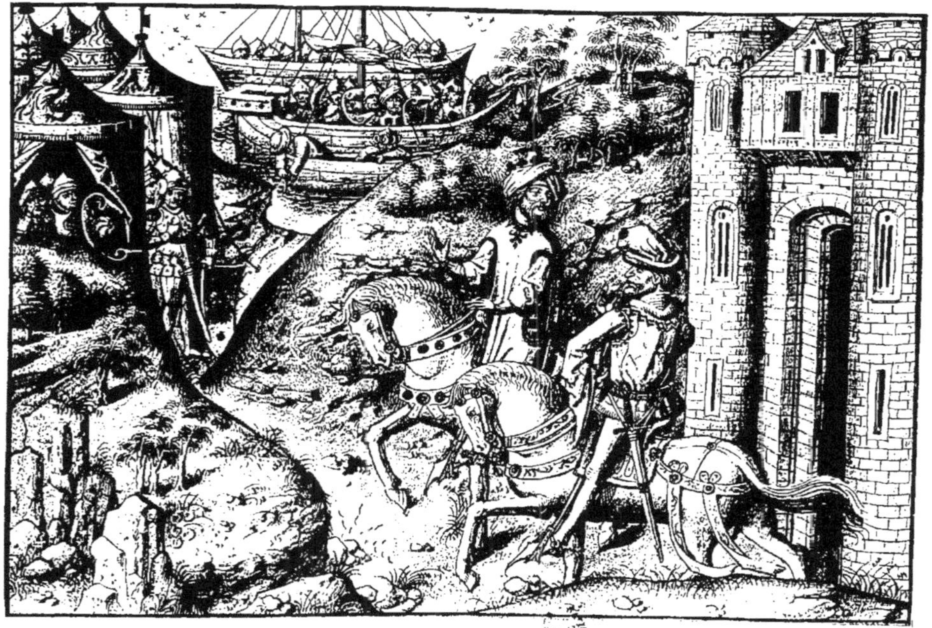

COMPLOT DE GANELON ET
DE MARSILE. (T. II, fol. 252ᵛ.)

LES ARMÉES SARRASINES A
RONCEVAUX. (T. II, fol. 271.)

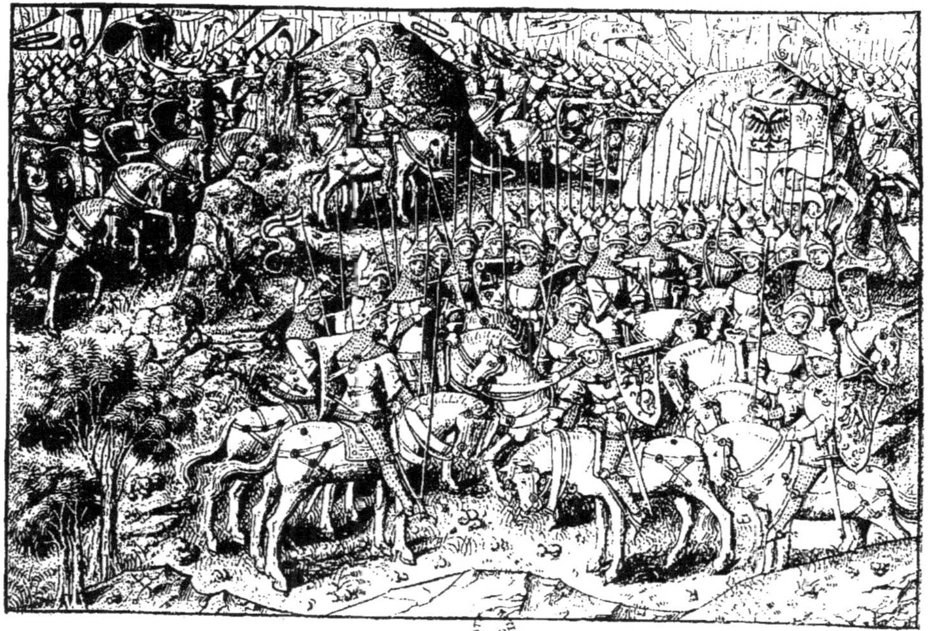

CHRONICQUES ET CONQUESTES
DE CHARLEMAINE.

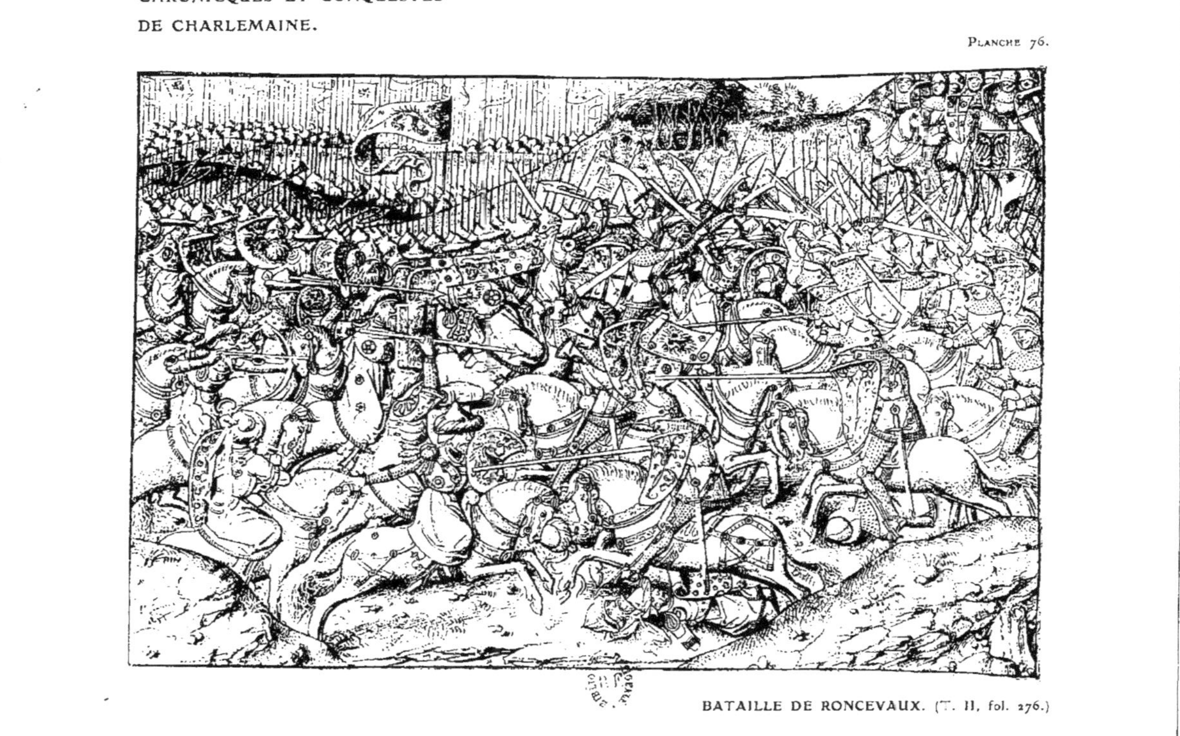

BATAILLE DE RONCEVAUX. (T. II, fol. 276.)

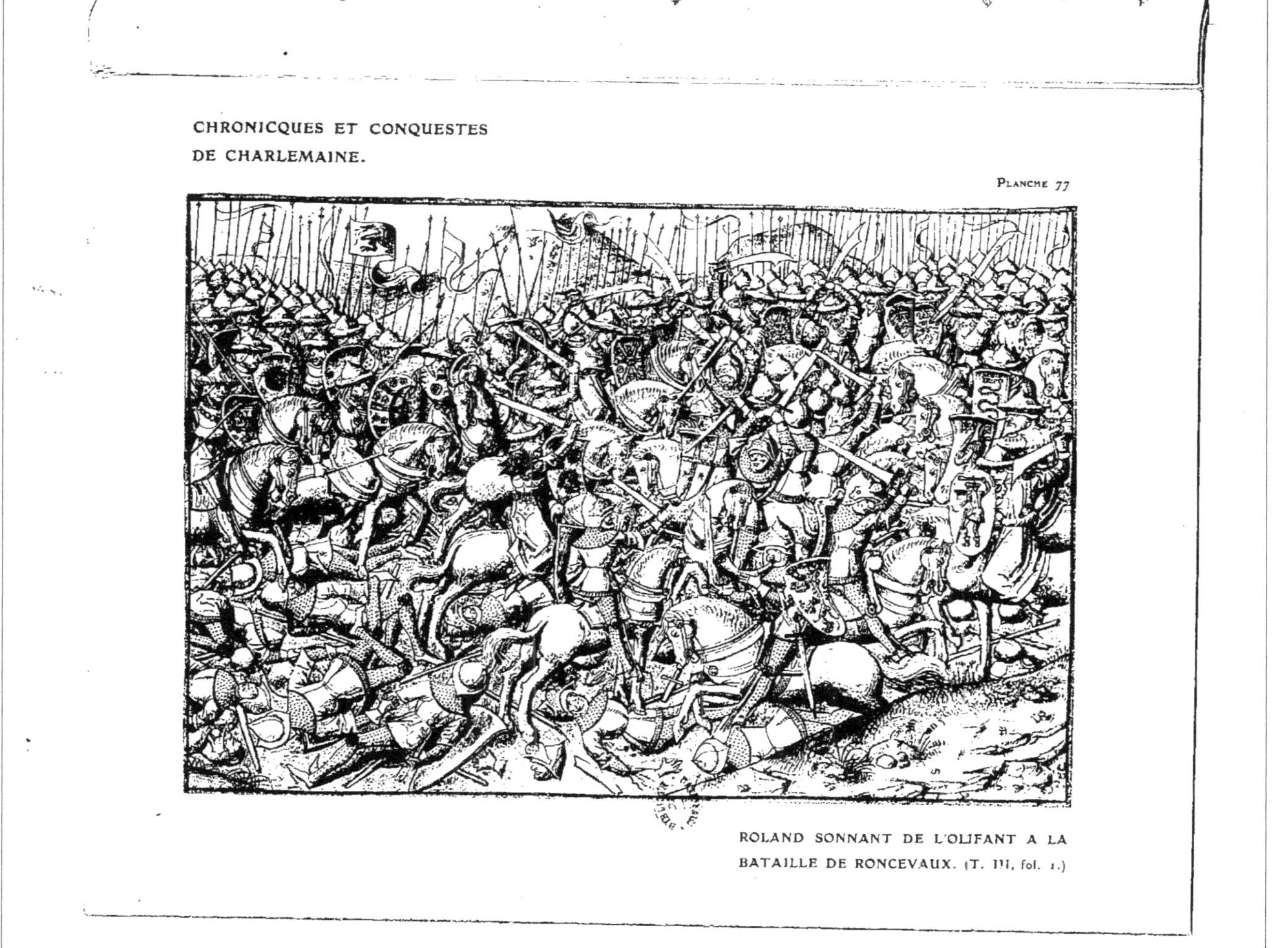

ROLAND SONNANT DE L'OLIFANT A LA
BATAILLE DE RONCEVAUX. (T. III, fol. 1.)

CHRONICQUES ET CONQUESTES
DE CHARLEMAINE.

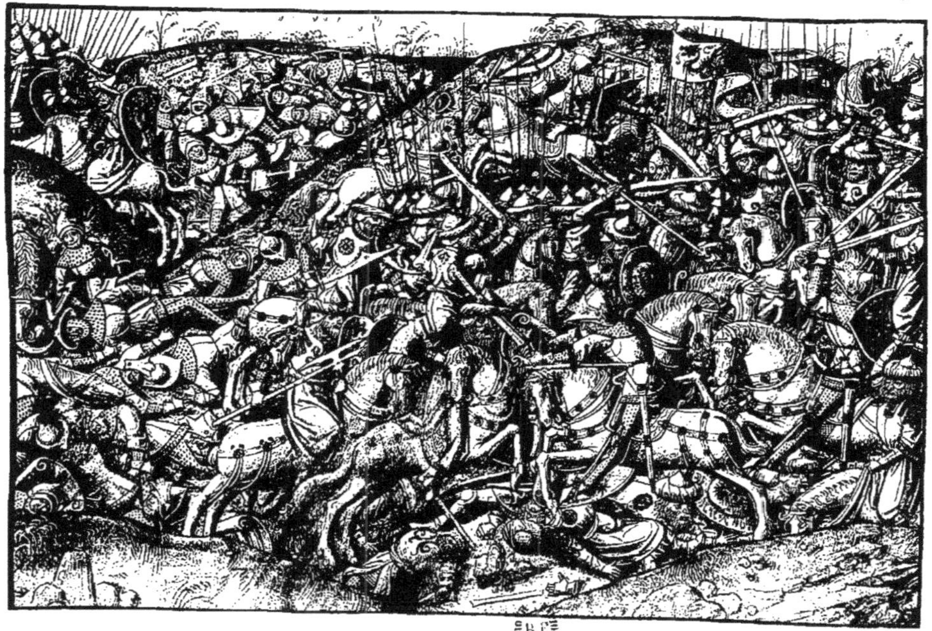

ROLAND ABATTANT LES SARRASINS
A COUPS DE DURENDAL. (T. III, fol. 6ᵛ.)

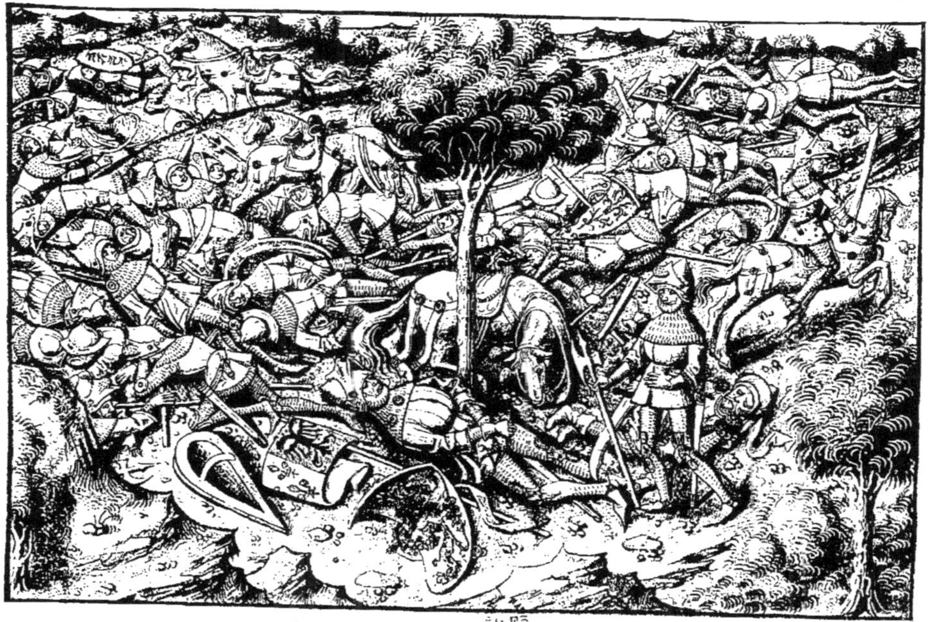

CHRONICQUES ET CONQUESTES
DE CHARLEMAINE.

MORT DE ROLAND. (T. III, fol. 12ᵛ.)

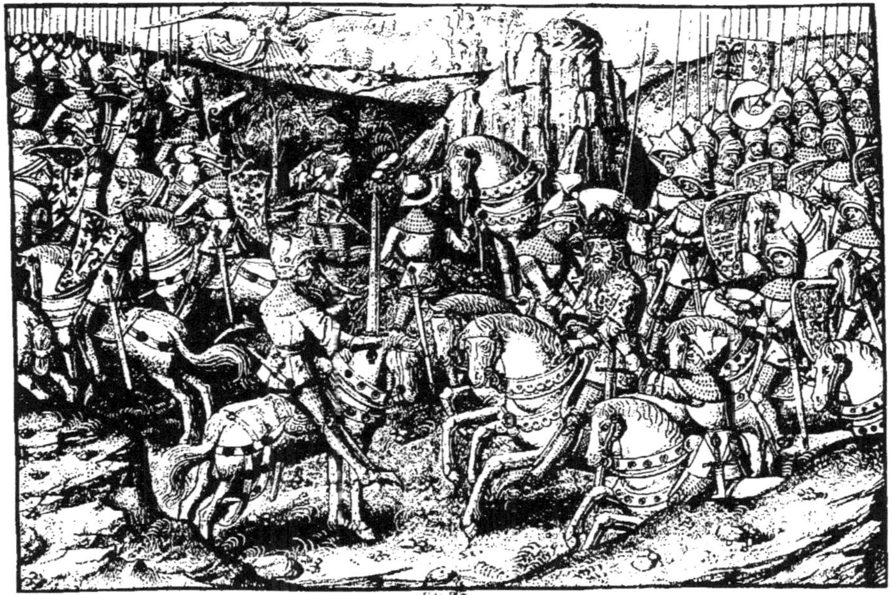

CHRONICQUES ET CONQUESTES
DE CHARLEMAINE.

BAUDOUIN RAPPORTANT A CHARLEMAGNE L'ÉPÉE
ET LE COR DE ROLAND. (T. III, fol. 20.)

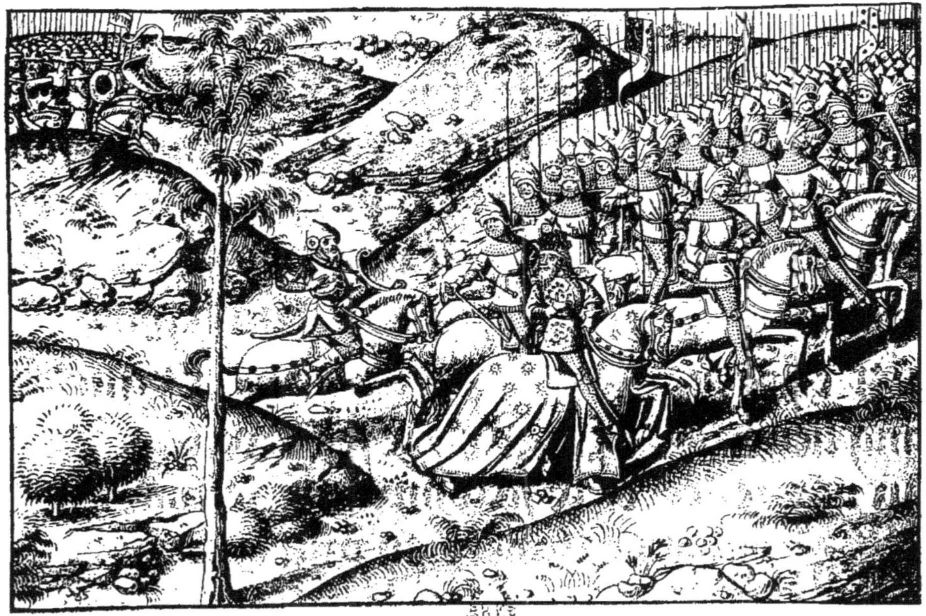

DÉPART DE CHARLEMAGNE APRÈS LA VICTOIRE
DE SARAGOSSE. (T. III, fol. 27ᵛ.)

CHRONICQUES ET CONQUESTES
DE CHARLEMAINE.

PLANCHE 82.

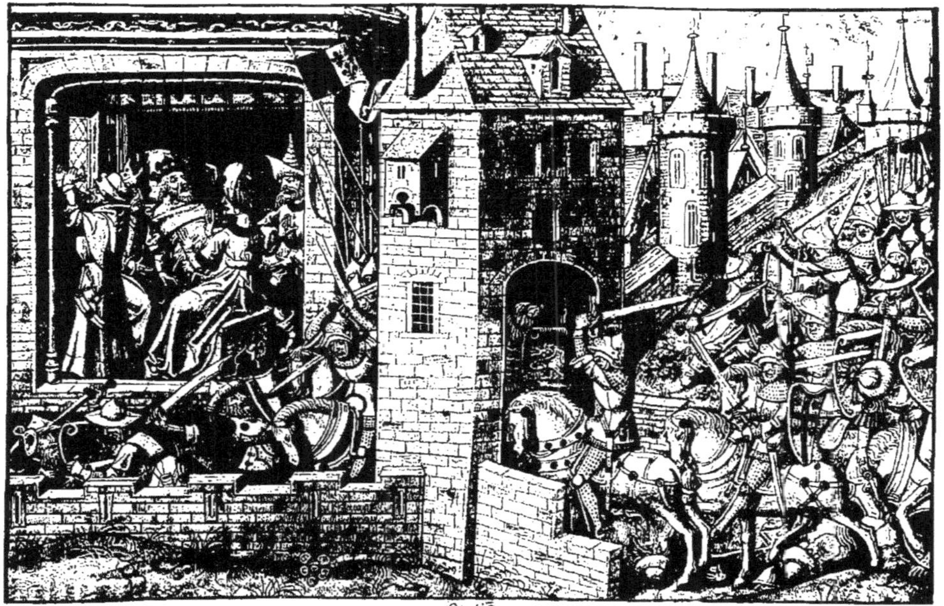

PRISE DE SARAGOSSE ET MORT
DE MARSILLE. (T. II, fol. 37.)

CHRONICQUES ET CONQUESTES
DE CHARLEMAINE.

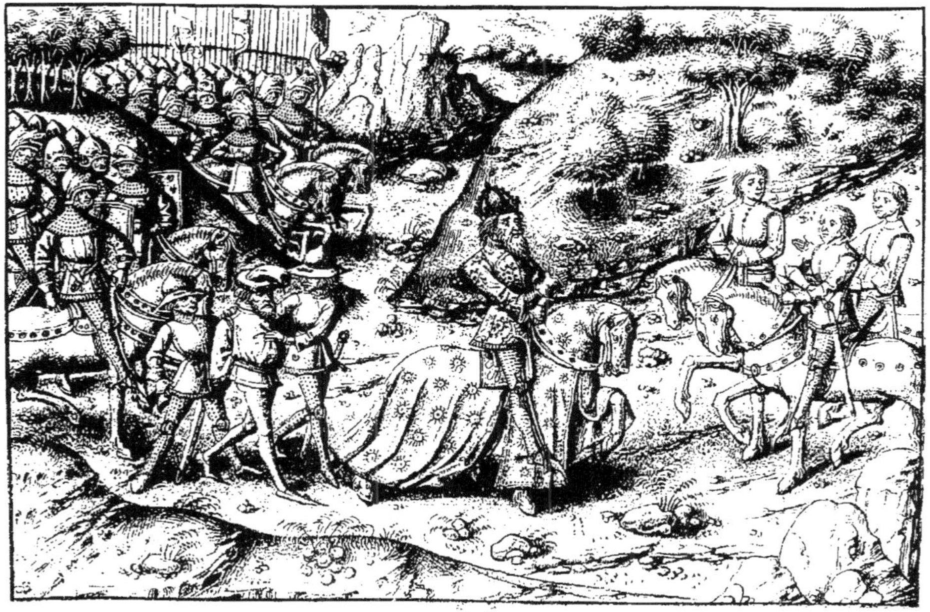

ARRESTATION DE GANELON (T. III, fol. 45ᵛ).

CHRONICQUES ET CONQUESTES
DE CHARLEMAINE.

ARRIVÉE DE GÉRARD DE VIENNE ET DE LA BELLE AUDE
AUPRÈS DE L'EMPEREUR. (T. III, fol. 59ᵛ.)

CHRONICQUES ET CONQUESTES
DE CHARLEMAINE.

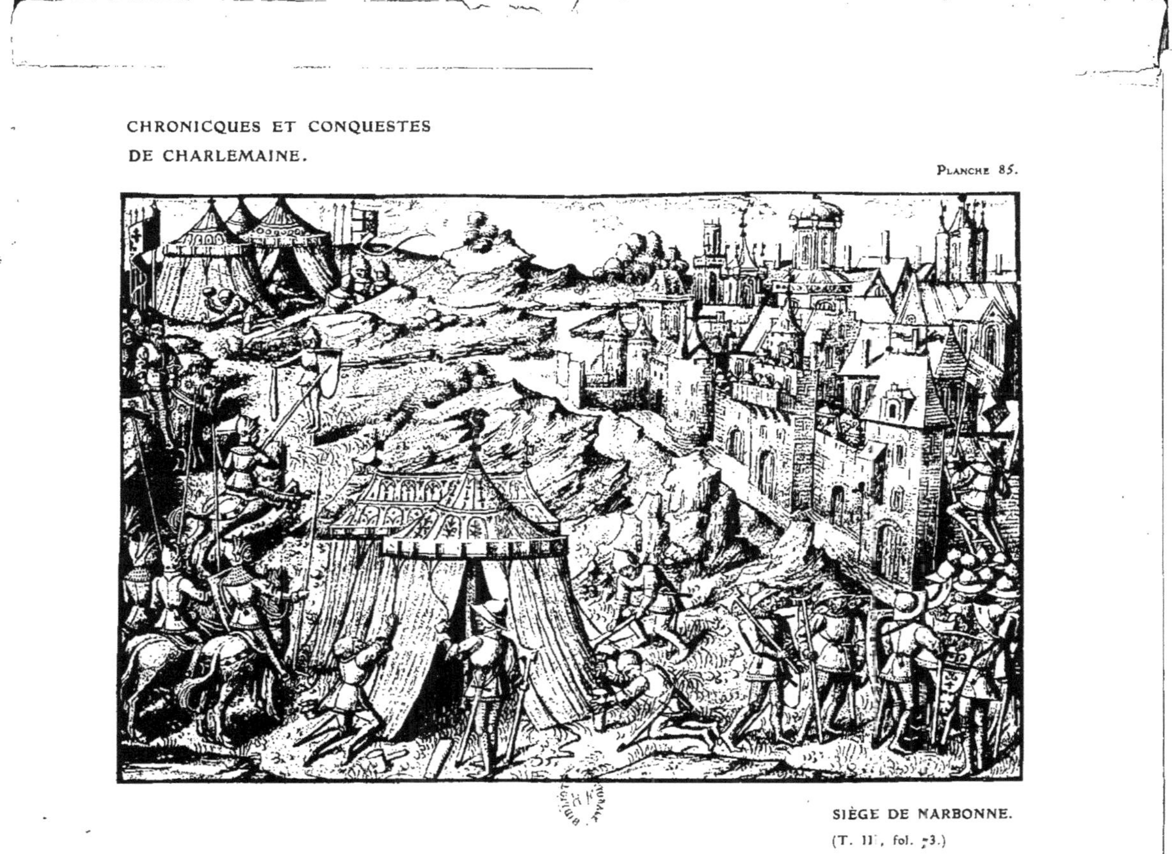

SIÈGE DE NARBONNE.

(T. II, fol. 73.)

CHRONICQUES ET CONQUESTES
DE CHARLEMAINE.

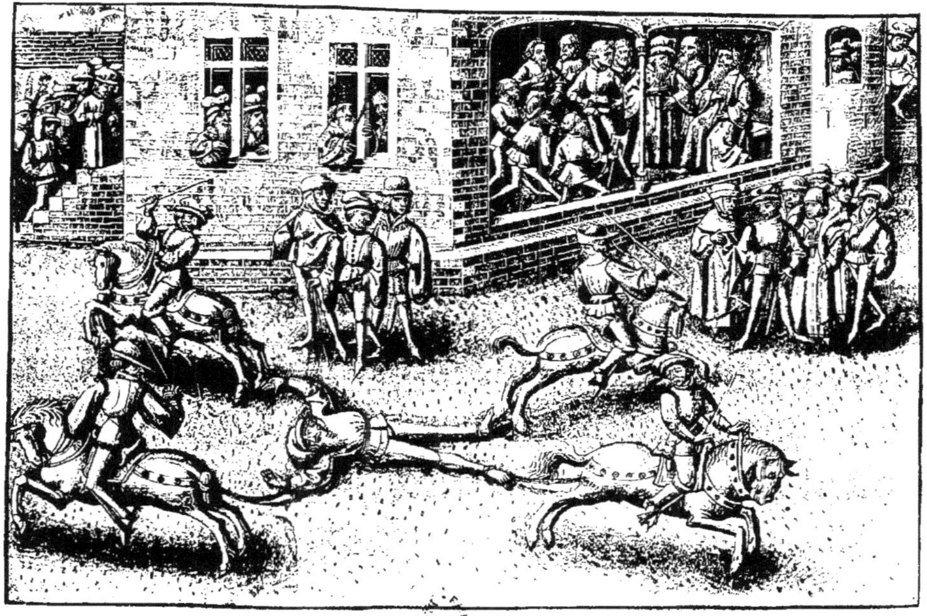

CHATIMENT ET MORT DE GANELON.

(T. III, fol. 94.)

PLANCHE 87

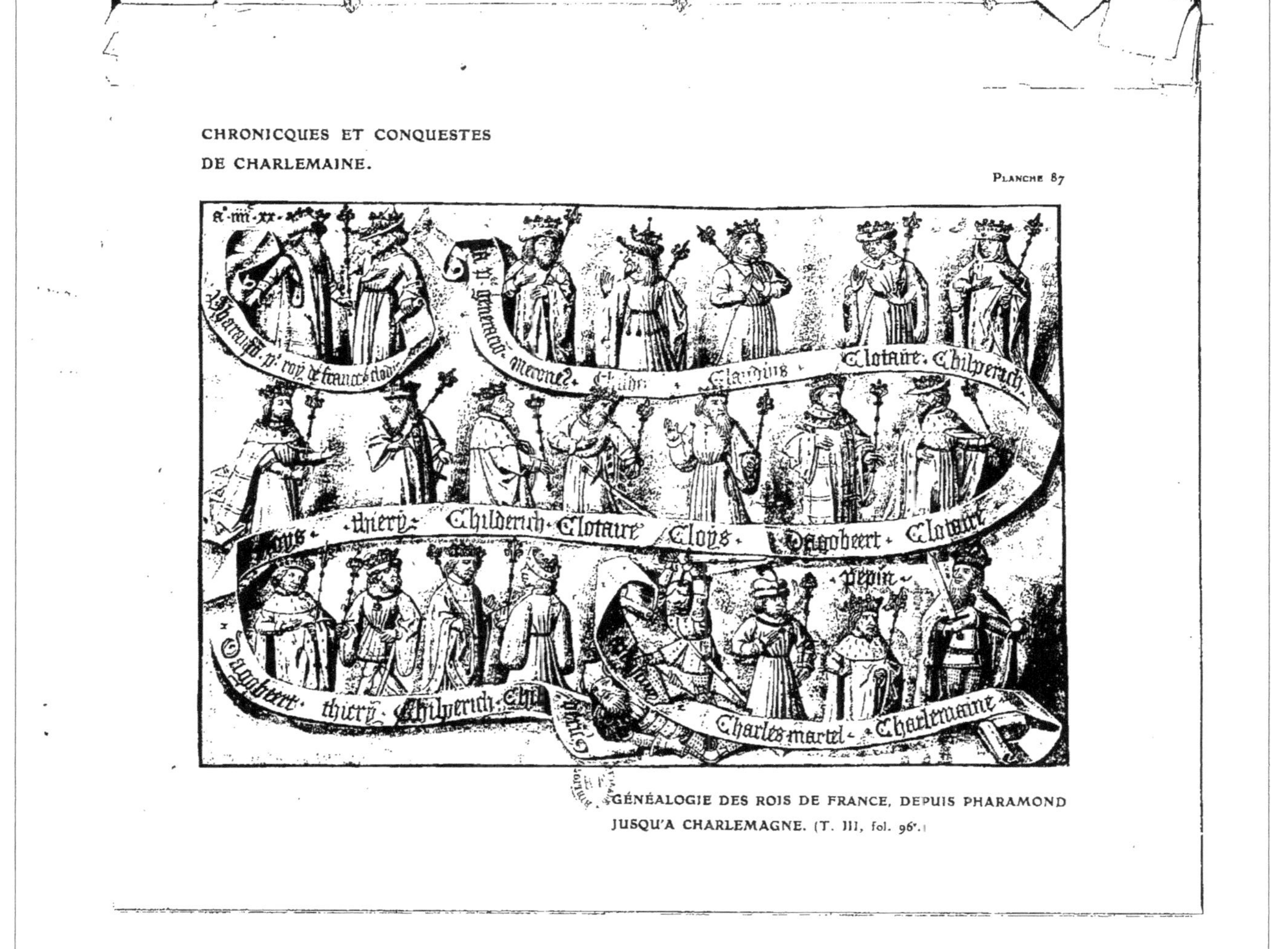

GÉNÉALOGIE DES ROIS DE FRANCE, DEPUIS PHARAMOND
JUSQU'A CHARLEMAGNE. (T. III, fol. 96ᵛ.)

CHRONICQUES ET CONQUESTES
DE CHARLEMAINE.

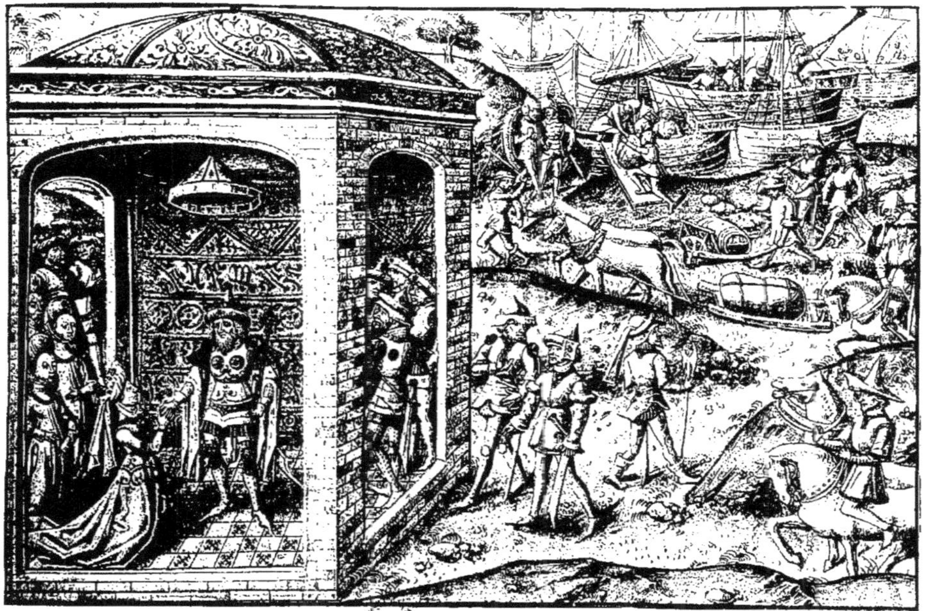

PROMESSE DU ROI GUITELIN A SA FEMME. PRÉPARATIFS
DE GUERRE CONTRE CHARLEMAGNE. (T. III, fcl. 100ᵛ.)

CHRONICQUES ET CONQUESTES
DE CHARLEMAINE.

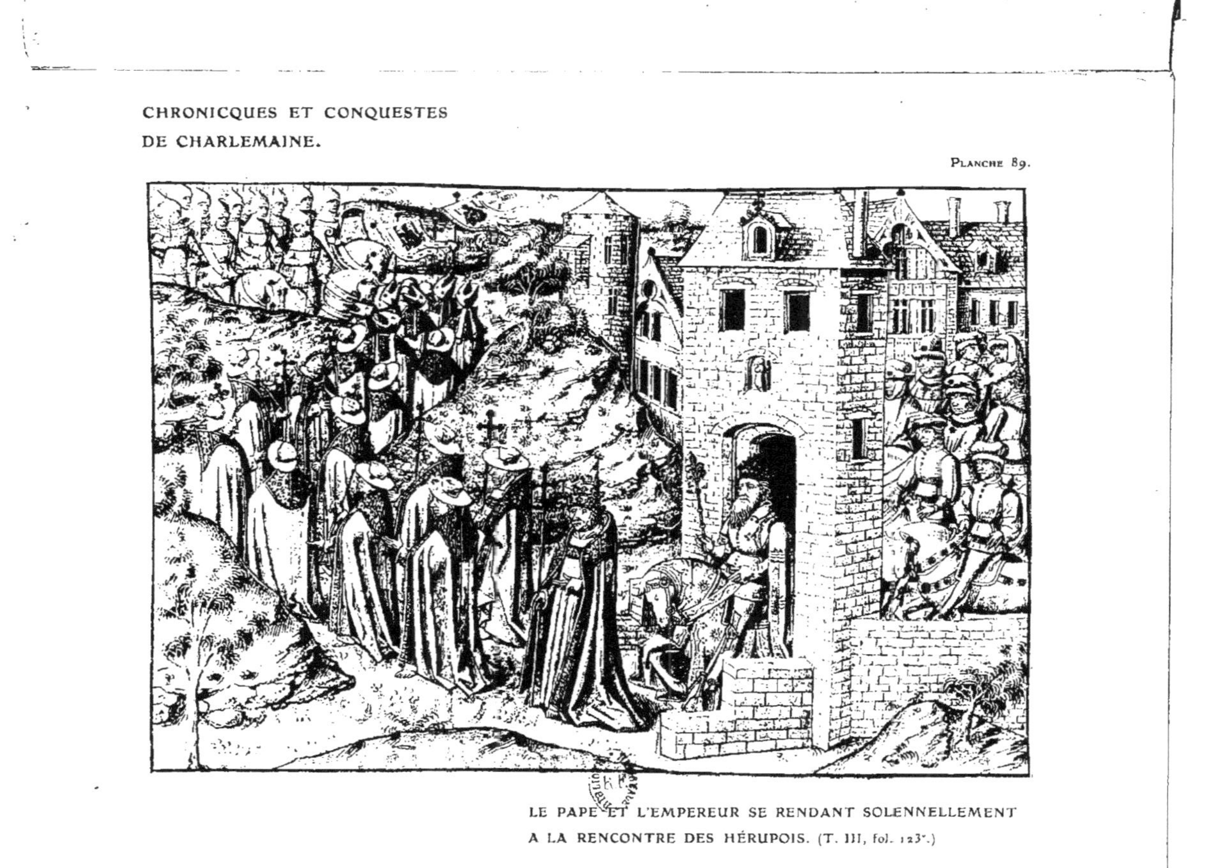

LE PAPE ET L'EMPEREUR SE RENDANT SOLENNELLEMENT
A LA RENCONTRE DES HÉRUPOIS. (T. III, fol. 123ᵛ.)

CHRONICQUES ET CONQUESTES
DE CHARLEMAINE.

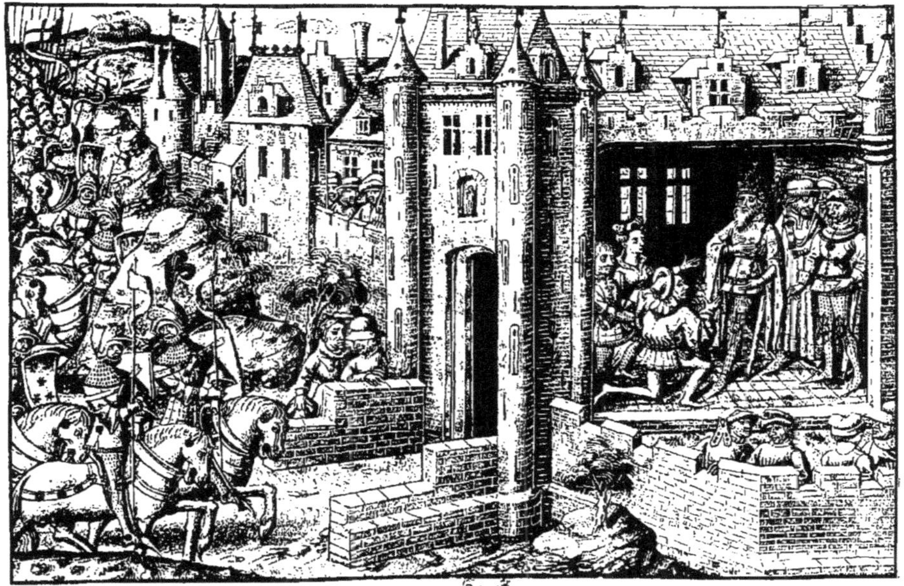

THIÉRY D'ARDENNE ET SA FEMME PRÉSENTANT
LEUR FILS A CHARLEMAGNE. (T. III, fol. 126v.)

CHRONICQUES ET CONQUESTES
DE CHARLEMAINE.

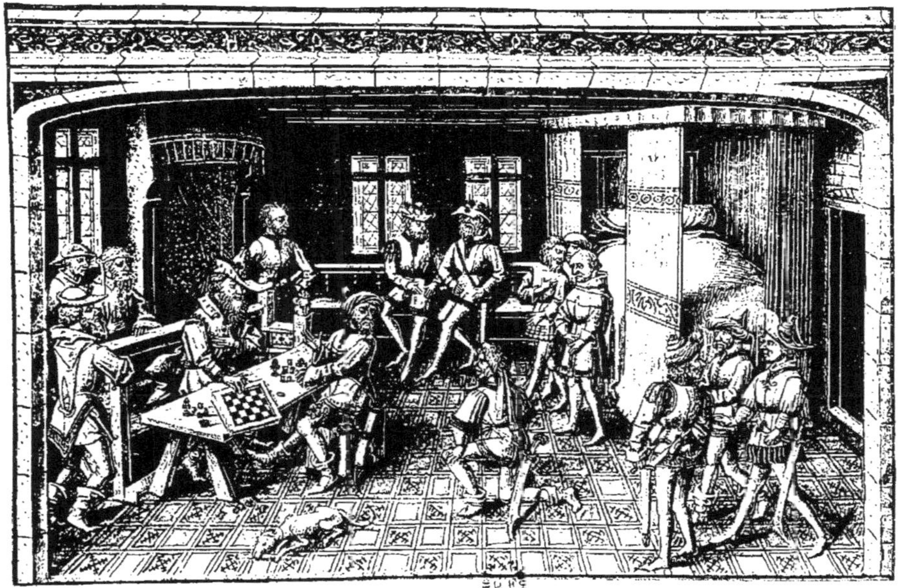

GUITELIN RECEVANT LA NOUVELLE DE L'ARRIVÉE DE CHARLEMAGNE,
PENDANT QU'IL JOUE AUX ÉCHECS. (T. III, fol. 128ᵛ.)

PLANCHE 92.

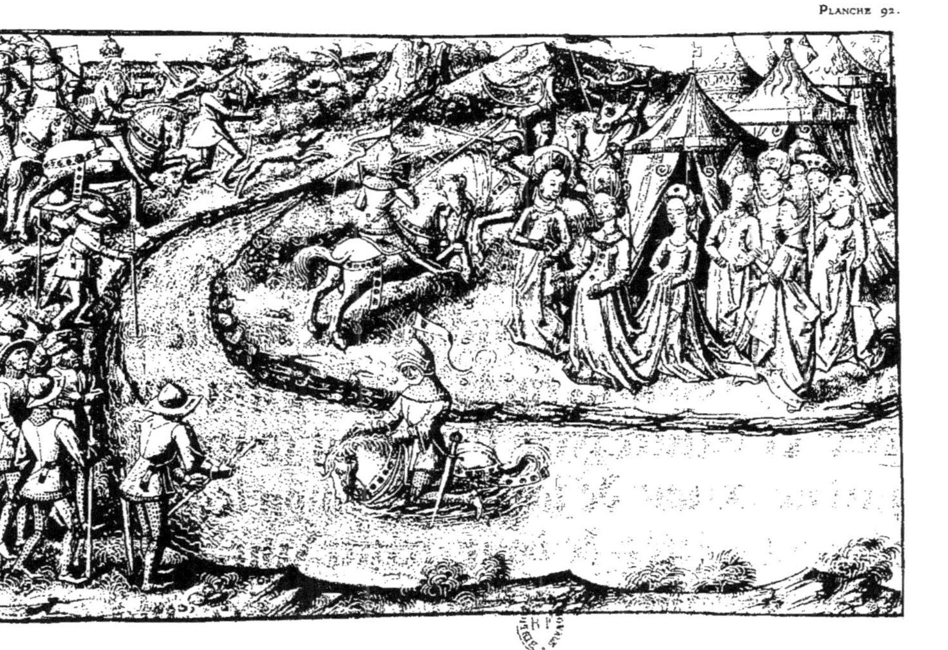

BAUDOUIN ABATTANT ADAM D'ALESMES ET REPASSANT
LA RIVIERE SOUS LES YEUX DE SEBILLE. (T. III, fol. 142ᵛ.)

PLANCHE 93.

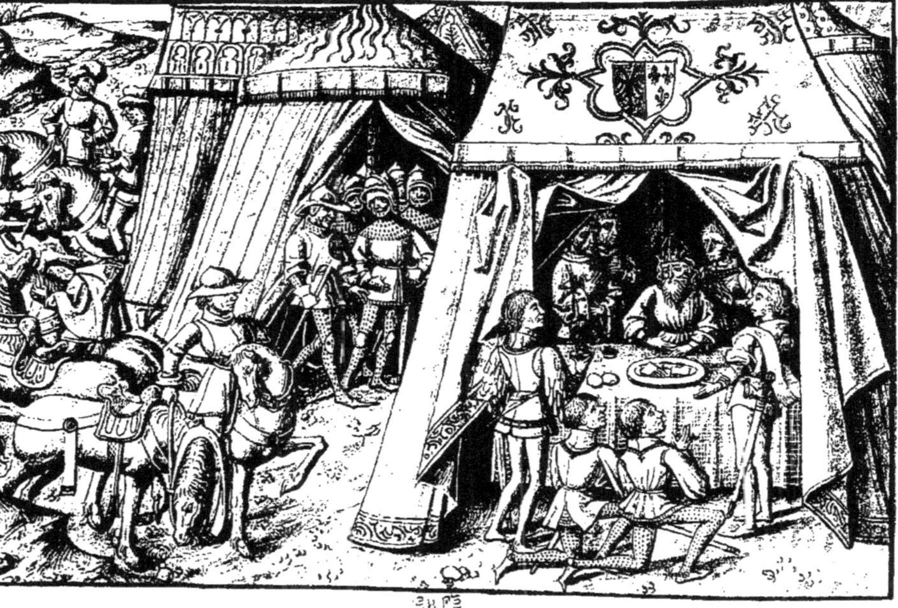

CHARLEMAGNE, EN TRAIN DE DINER DANS SA TENTE,
REÇOIT LES DEUX CHEVALIERS QUI LUI APPORTENT
DES NOUVELLES DES HÉRUPOIS. (T. III. fol. 162ᵛ.)

CHARLEMAGNE REPASSE LA RIVIÈRE ET LUTTE
SEUL CONTRE SEPT ROIS PAIENS. (T. III, fol. 183.)

CHRONICQUES ET CONQUESTES
DE CHARLEMAINE.

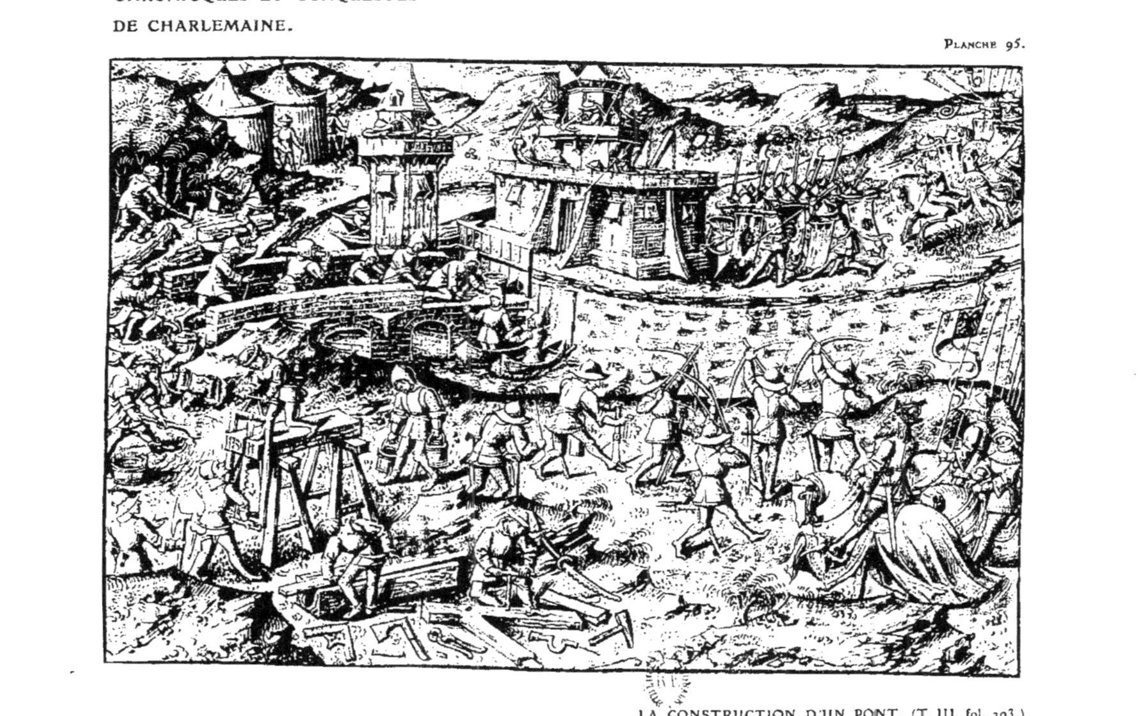

LA CONSTRUCTION D'UN PONT. (T. III, fol. 203.)

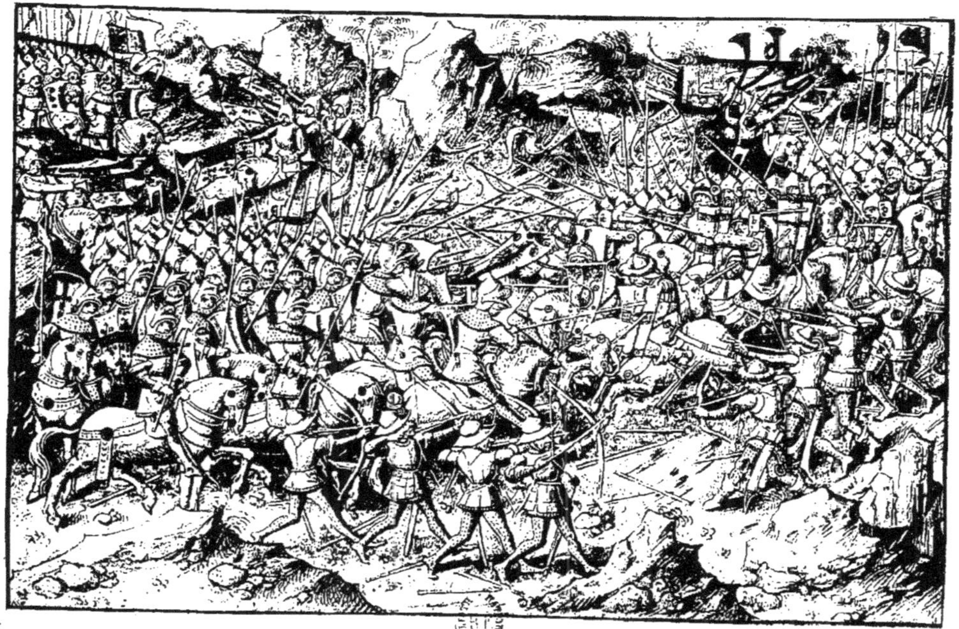

CHRONICQUES ET CONQUESTES
DE CHARLEMAINE.

RENCONTRE DES ARMÉES FRANÇAISES
ET SARRASINES. (T. III, fol. 212.)

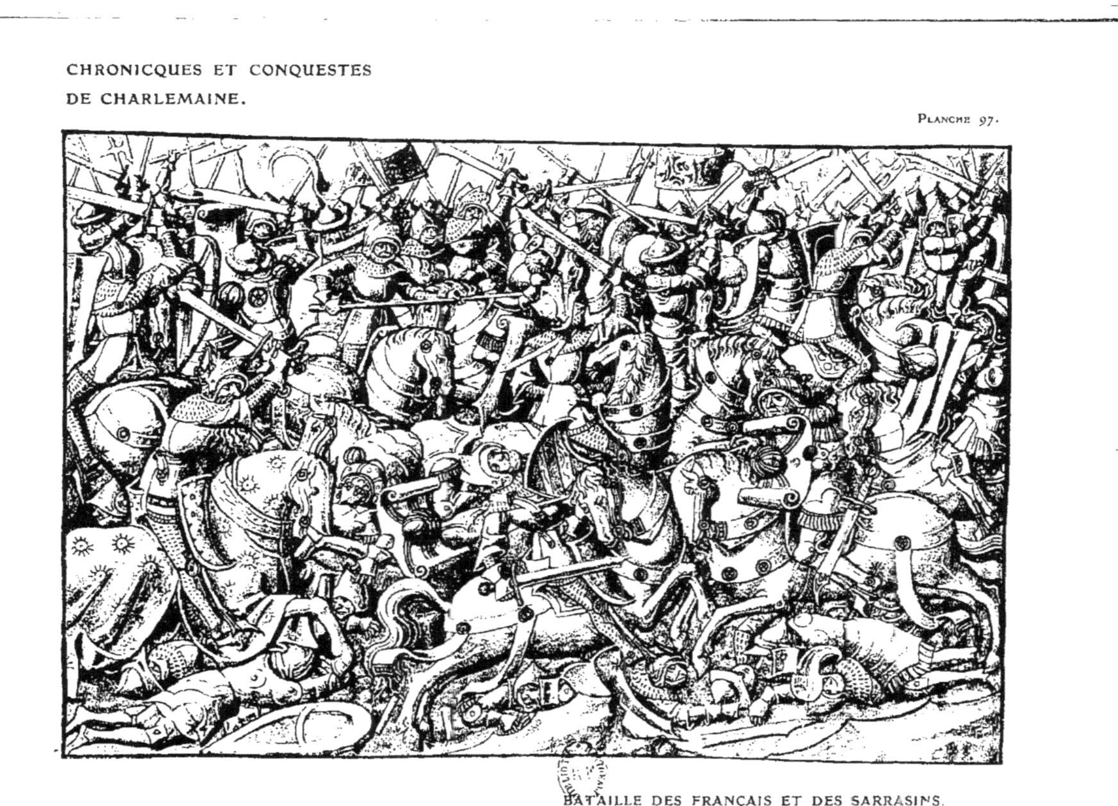

BATAILLE DES FRANÇAIS ET DES SARRASINS.
CHARLEMAGNE TUANT GUITELIN. (T. III, fol. 216v.)

CHRONICQUES ET CONQUESTES
DE CHARLEMAINE.

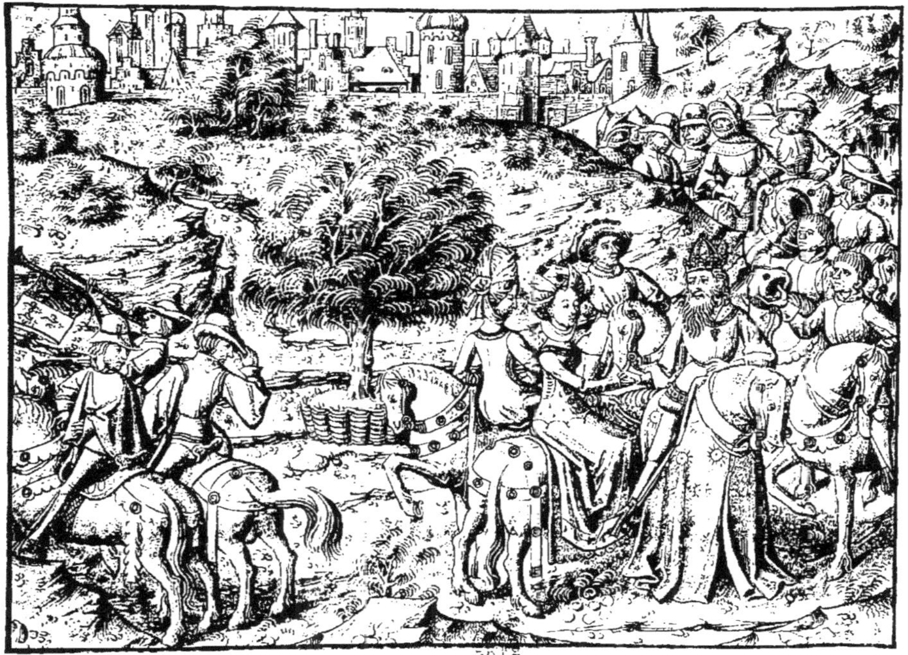

ADIEUX DE CHARLEMAGNE A SEBILLE ET
AU PEUPLE DE TRÉMOIGNE. (T. III, fol. 233ᵛ.)

PLANCHE 99.

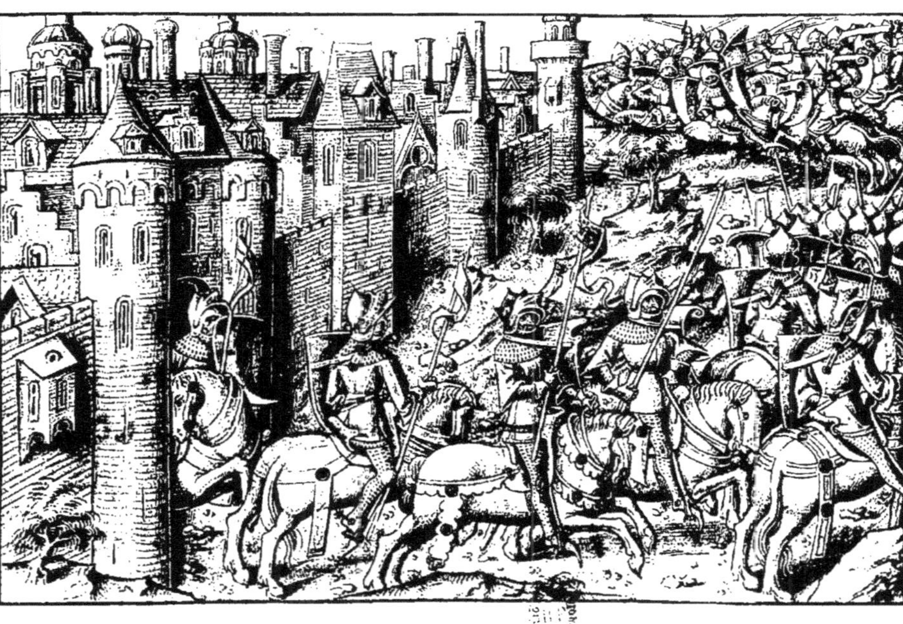

SORTIE DES FRANÇAIS ASSIÉGÉS DANS TRÉMOIGNE
PAR LES FILS DE GUITELIN. (T. III, fol. 238ᵛ.)

CHRONICQUES ET CONQUESTES
DE CHARLEMAINE.

BATAILLE CONTRE LES FILS DE GUITELIN. LE ROI BAUDOUIN
EMBRASSANT CHARLEMAGNE. (T. III, fol. 247°.)

PLANCHE 101.

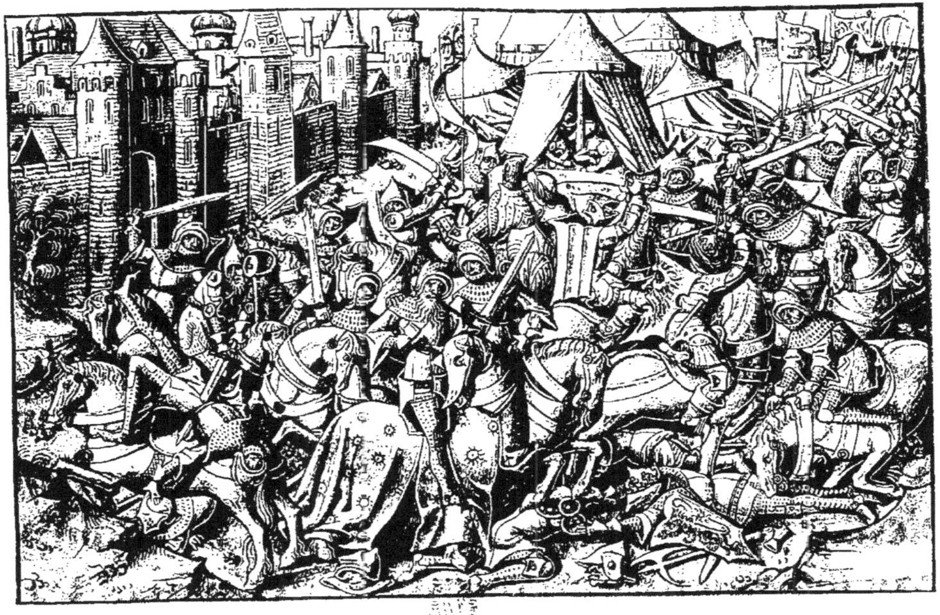

SUITE DE LA BATAILLE. COMBAT DU ROI BAUDOUIN
ET DE FIERAMORT. (T. III, fol. 253.)

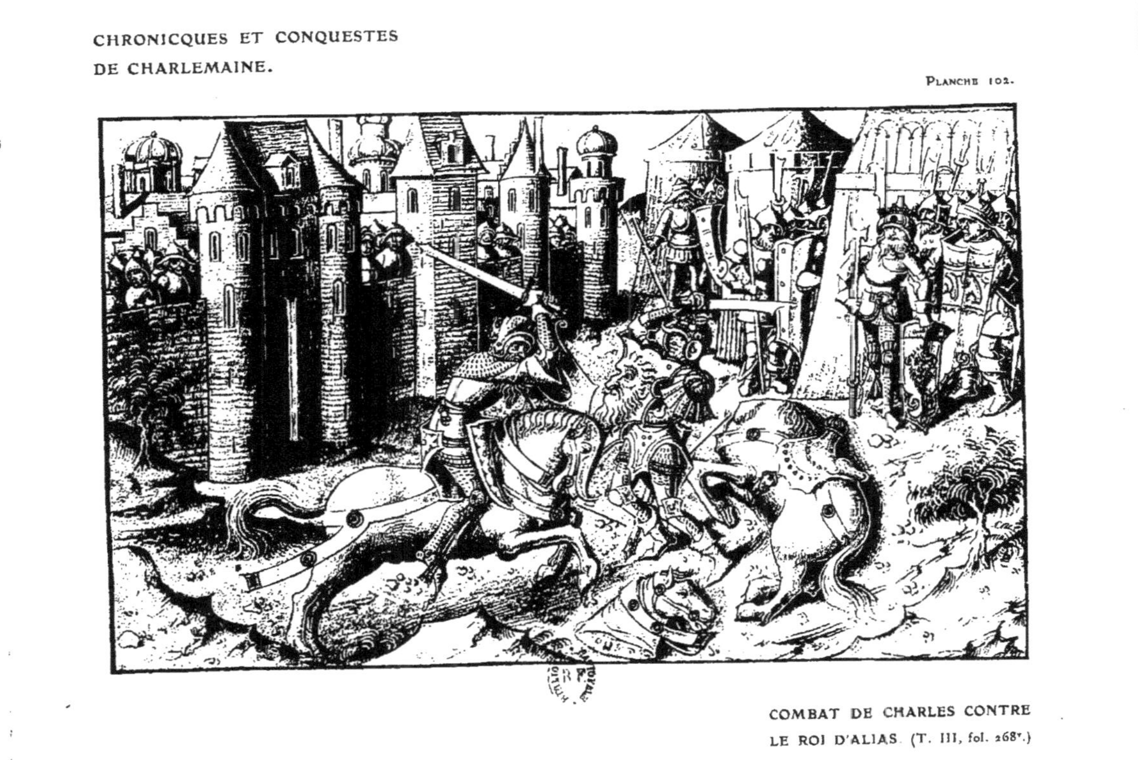

COMBAT DE CHARLES CONTRE
LE ROI D'ALIAS. (T. III, fol. 268ᵛ.)

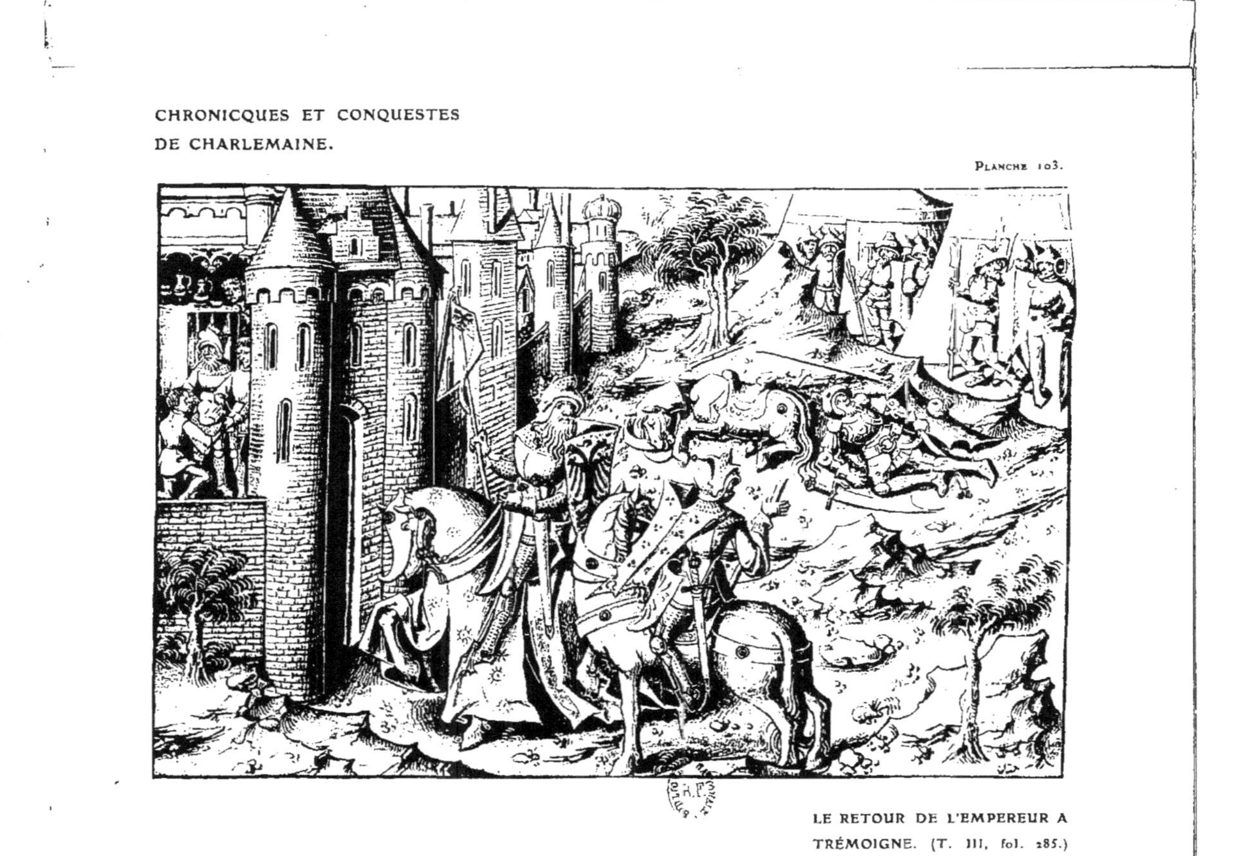

LE RETOUR DE L'EMPEREUR A
TRÉMOIGNE. (T. III, fol. 285.)

PLANCHE 104.

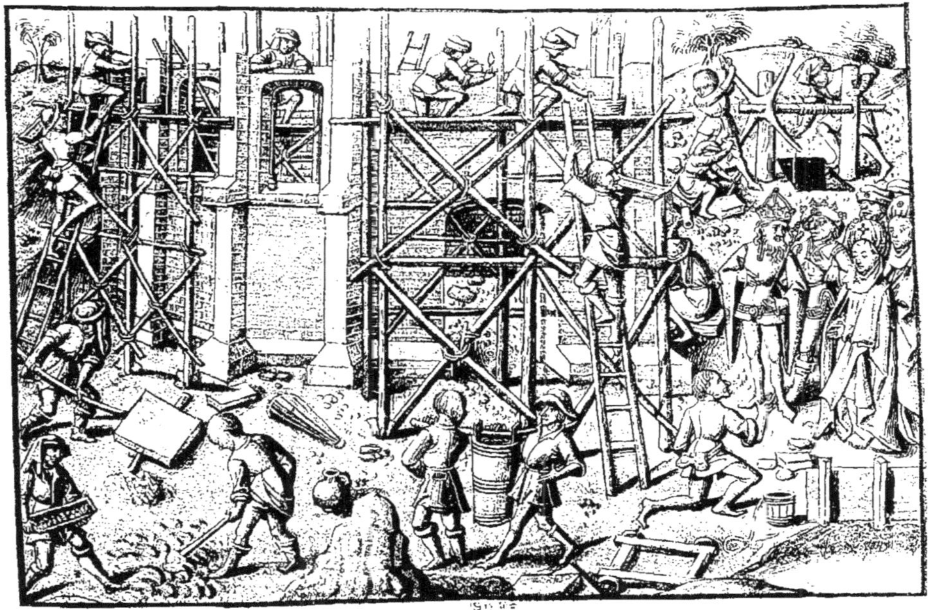

CONSTRUCTION DE L'ABBAYE FONDÉE PAR
CHARLEMAGNE POUR SÉBILLE. (T. III, fol. 289.)

CHRONICQUES ET CONQUESTES
DE CHARLEMAINE.

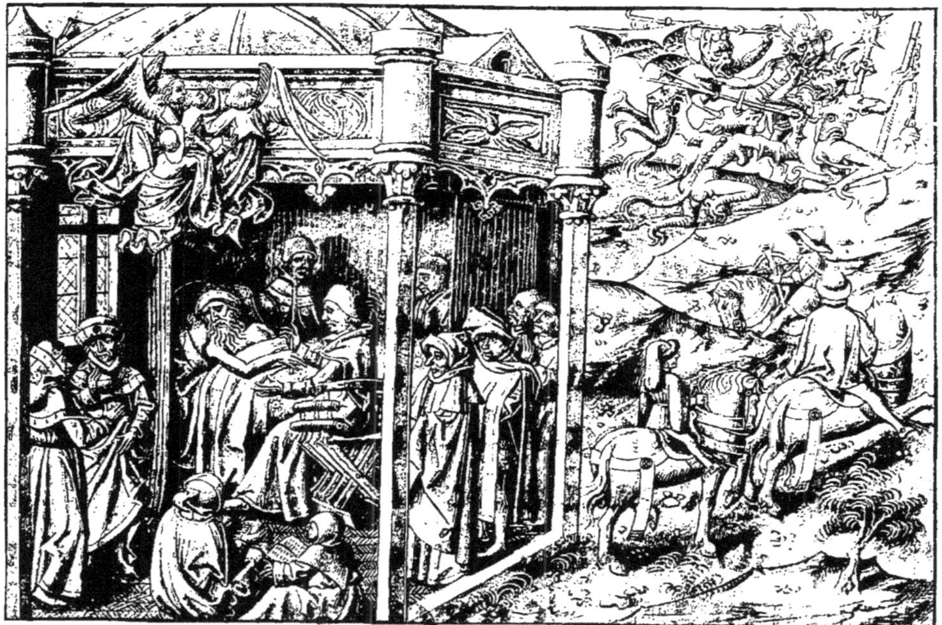

MORT DE L'EMPEREUR CHARLEMAGNE.
(T. III. fol. 295.)